表现力

——多媒体发表与演说成功之道

◎ 魏祖宽　曹孟燮（韩）　孙丽媛　曹润智（韩）　著

電子工業出版社
Publishing House of Electronics Industry
北京 · BEIJING

内 容 简 介

本书综合引用色彩学、心理学、人体工学及沟通技法的相关理论和研究成果，从科学和工程的角度，系统、完整地阐述多媒体发表的相关概念、全过程的热点问题和相应技巧、发表的原理和各种技法，具体包括发表的概念理解、发表的策划及内容组织、幻灯片（PPT）和提示读物的制作、发表和陈述的各种注意事项，以及陈述技巧、各种类型的发表和预演效果评价。配套光盘和相关网络资源提供了丰富的案例、PPT 模板和实际发表资料，使读者易于参照和模仿。

图书在版编目（CIP）数据

表现力：多媒体发表与演说成功之道 / 魏祖宽等著. —北京：电子工业出版社，2013.9
ISBN 978-7-121-20170-7

Ⅰ. ①表… Ⅱ. ①魏… Ⅲ. ①多媒体技术－应用－演讲 Ⅳ. ①H019

中国版本图书馆 CIP 数据核字（2013）第 073540 号

责任编辑：王羽佳　　　　文字编辑：徐　颢
印　　刷：中国电影出版社印刷厂
装　　订：中国电影出版社印刷厂
出版发行：电子工业出版社
　　　　　北京市海淀区万寿路 173 信箱　邮编 100036
开　　本：787×980　1/16　印张：15.75　字数：352 千字
印　　次：2013 年 9 月第 1 次印刷
定　　价：65.00 元（含光盘 1 张）

凡所购买电子工业出版社图书有缺损问题，请向购买书店调换。若书店售缺，请与本社发行部联系，联系及邮购电话：（010）88254888。
质量投诉请发邮件至 zlts@phei.com.cn，盗版侵权举报请发邮件至 dbqq@phei.com.cn。
服务热线：（010）88258888。

前　言

各位读者最近一定参加过不少多媒体发表会吧？对五花八门的多媒体发表有什么感触呢？在这里，我们尝试分别从发表者和参加者的不同角度，了解他们对多媒体发表各自不同的感受。

1. 参加者持肯定性态度的情形

“哇，实在讲得太好了！真让人感动，真痛快！”

“呀，怎么做才能讲得那么出色呢？真是太绝了……”

“这么充满自信，这么有激情，这么真诚的演讲，我是头一次听到啊！”

“哇，真是不错，这么高水平的演讲，不比乔布斯差嘛！”

2. 参加者持否定性态度的情形

“什么呀，那也叫演讲、发表？从一开始就一字不漏地照读……”

“演讲一开始，我就睡着了，演讲者的声音真像催眠曲，哎……”

“幻灯片做得倒是不错，不过演讲者太怯场，连话都说不完整……”

3. 发表者持肯定性态度的情形

“哇，这次演讲真让人来劲！听众的反应也很好嘛！我自己也感觉讲得很出色，嘿嘿！”

“呀，成功了！也许是因为多次排练，讲的过程中感觉自信满满，呵呵！”

“对，要的就是这个效果，我终于搞定了，哈哈！”

4. 发表者持否定性态度的情形

“真要命，我这一身冷汗！看来我不是做多媒体发表的料啊，哎……”

“丢死人了！讲得这么差，以后还怎么做人啊？呜呜……”

“看来不该把所有希望都押在做幻灯片上，哎，早知道这样，当初应该多排练一下的，嗯……”

每一场不同的多媒体发表结束后，发表者和参加者必定有像上面那样不同的感受，可谓悲喜两重天。当然，悲痛到什么程度或者欢喜到什么程度，不仅取决于发表的效果，还取决于发表的重要性。但是，只要是多媒体发表，不管是重要的，还是日常一般性的，除少数专业人士外，很多人都会感到有压力、有困难。

不同的发表效果是如何产生的呢？下面我们列出两个不同的案例来看看。

案例 1

几乎从一个月前开始，我就不分昼夜地埋头制作幻灯片，费尽心思，终于在预定的发表日前夜完成。

在预定发表日的早上，我早饭没吃就出门了。完全没有排练的时间，只能在去发表场地路上的车里，大概浏览了下幻灯片的内容……然而，发表场地很快就到了。

由于要发表的内容完全没有记熟，我心里很不安。在紧张和焦虑的等待中，终于轮到我了。走上台阶站在讲台上，下面听众数不清的眼睛都在看着我，我突然觉得做多媒体发表是件很恐怖的事，瞬间脑袋一片空白，口干舌燥，手脚发抖，张不开嘴。无奈的我只好按照投影在屏幕上的幻灯片文字内容，一字不漏地照着读。

噩梦还在继续，颤抖的声音，加上错乱的节奏，失误频频出现在我身上。听众们开始无情地提出很多挑剔的问题，揭疮疤式的点评此起彼伏，完全在赤裸裸地表现着他们的不满。在听众提问和点评的时候，我两腿发抖，胆颤心惊……

按照领导和同事们的建议，我全身心地投入了几周的时间进行幻灯片的准备，结果却这样丢人，完全是我人生的一次完败。这次痛苦的感觉后来还延续了很长一段时间，让我完全没有心思工作……

案例 2

这次多媒体发表，领导大概给了一个月的准备时间。我们一接到多媒体发表的任务和相关日程，就马上成立了一个特别工作组，召开了特别策划会议。会议首先确定了发表的准备日程。紧接着，发表的目的、目标、方向等都被确定下来。随后，我们又确定了资料收集，幻灯片制作、排练、修正完善等日程安排，并定下了特别工作组每个人的角色和任务。

和以前不同的是，这次的多媒体发表首先确定了大方向，在具体制作幻灯片之前，我们就进行了有关听众的相关数据和资料的收集分析、整体内容设计策略等方面的系统准备工作，同时针对可能出现的演讲恐惧症也做了相应的准备。另外，我们在讲台的位置设置、麦克风的使用、说话的技巧、演讲的姿态、眼神的交流、表情的设计、身体姿势和手势的使用、回答问题以及排练等方面都一一做了充分的准备。

经过这样全面的准备后，我的自信心油然而生，感觉这世上好像真没有比我发表得更好的人了。上了演讲台，在完美地完成内容演讲后，我用预先准备的总结性短评和听众形成共鸣，听众肯定性的反应让发表现场的气氛变得非常活跃。提问回答环节也按照预定的方案进行，所有人都非常满意。完成收尾的总结陈词后，全场响起了热烈的掌声……今天的发表圆满成功了。

“多媒体发表就应该这么做啊！”

我微笑着与热情的听众一一握手，大家都不吝赞美之词。

案例 1 和案例 2 描述的情景完全属于两个极端，形成了鲜明的对比。

案例 1 描述的是我们周围经常见到的多媒体发表场景。由于没有系统化的原则和策略，发表者只知道在幻灯片内容制作上押上全部的精力，是典型的失败案例。

相反的是，案例 2 是先经过细致的策划会议确定策略，再通过系统化的准备来进行的多媒体发表，是我们推崇的成功案例。

在这两个对比鲜明的案例中，案例 2 中的有些部分实施起来是比较难的。但是，这才是多媒体发表的正道，是多媒体发表走向成功的必经之路。

最近在欧美等发达国家，对于多媒体发表已经完全按照“先确定原则而后有计划性地准备”这样的策略来进行了；但是，在包括我国在内的东亚国家，大部分的多媒体发表还未脱离“差不多”的准备方式，主要精力还集中在怎么利用 PowerPoint 制作幻灯片这个环节上。这些不足，正是需要加快改进的地方。

让读者做“充满活力、灵动四射的多媒体发表”！让读者享受多媒体发表带来的成功感，并享受其过程。这，正是我们编著本书的目的！

笔者团队曾经以本书所载的内容作为基础资料，在韩国的一个聚集了众多高校和国家级研究机构的高新科技特区——大田市“大德研究特区”的众多研究院中做了 30 多次讲座。同时，本书的韩文版还被韩国科技大学 (KAIST) 和科技联合大学 (UST) 选为大学生和研究生的选修课程“多媒体发表技法”的教材……在此过程中，本书的内容也得到了多次的修改和完善。

本书提供配套光盘，内容包括 210 个 PPT 实用模板和 8 个杰出发表现场实例片段。本书还提供配套网络资源，内容包括 8 个杰出发表现场完整实例，请登录华信教育资源网 http://www.hxedu.com.cn 注册下载。

魏祖宽研究员承担了全书内容的总体策划和前半部分章节的写作，曹孟燮研究员承担了后半部分章节的写作和全书的修订完善工作。孙丽媛博士承担了参考中文文献的收集和大部分韩文素材的翻译工作，曹润智研究员承担了参考英文文献的收集和翻译工作。

在本书的编著过程中还得到了很多朋友的帮助，其中：现在韩国首尔工作的姜春梅小姐和现在中国北京三星鹏泰公司工作的刘大爽小姐承担了部分韩文素材的翻译工作；现在德国亥姆霍兹国家研究中心工作的程杰博士提供了部分很有用的素材资料；成都传媒集团的资深编辑吴佐民先生承担了本书初稿的语言润色工作；电子工业出版社资深编辑王羽佳女士承担了本书的编辑工作。谨在此对这些朋友表示深深的感谢！

著者

于 韩国大田

目　录

第一部分

多媒体发表的概念和理解

第一章

多媒体发表的定义

1.1 什么是多媒体发表

多媒体发表的定义

“多媒体发表”是指利用视觉、听觉资料向听众提出演示者的想法、主张，或说明演示者的理论、提案，或发出邀请等类的行为，简称发表。

韩国国立国语院曾在 2007 年 7 月主张用“视听觉说明会”来代替“多媒体发表”（Presentation）一词。

人们有时也把多媒体发表简称为 PT，这是从 Presentation 演变而来的。既然提到 PT，那么我们也一并对 PPT、PPTX 做一下介绍。

PT: 从 Presentation 而来，简化缩写为 PT。

PPT: 在办公软件 PowerPoint 制作成的文件 (file) 名称中用 ⋆.ppt 或者 ⋆.pptx 做扩展名，所以人们也习惯将 PowerPoint 文件称为 PPT。

[参考] 扩展名

扩展名是指计算机操作系统中，跟在文件名后面表示文件种类，便于人们管理文件的文字符号。

*.ppt 是用于 Microsoft PowerPoint 97-2003 版本的扩展名；

*.pptx 同 .ppt 一样也是扩展名，用于 Microsoft PowerPoint 2007 及以后的版本。

[参考] IT 用语辞典中关于“多媒体发表”的定义

利用电脑或多媒体，把收集的各种信息用电脑制作的画面通过投影仪 (Beam Projector) 展示出来，传达给使用者及他人的行为。

用英语可以对 Presentation 做以下几种简单定义：

- something, such as a lecture or speech, that is set forth for an audience.
- a verbal report presented with illustrative material, such as slides, graphs, etc.
- a formal talk in which you describe or explain something to a group of people.

- the practice of showing and explaining the content of a topic to an audience or learner. A presentation program, such as Microsoft PowerPoint, is often used to generate the presentation content.

多媒体发表是对一名或多名参与者以直接或间接方式进行说服的交流过程。多媒体发表者要在规定的时间里让受众获得新的信息和知识，进而做出一些决定和行动的行为。这不同于单方面表达想法、主张、理论或提案，也不同于受邀请的演讲或辩论。

另外，因为发表者需要在规定的时间内把事先想好的主张、理论或者提案、邀请等信息传达给对方，且最大力度地说服对方，所以发表的内容、结构以及逻辑应极为妥当。这就要求发表者要具备从心理学方面、人体工学方面分析问题的能力，以及把难以理解的复杂问题用简单的方法一目了然地向听众说明、使听众形成共鸣的能力。

1.2 多媒体发表为什么是困难的

多媒体发表要在规定的时间内传达信息，进行有目的的说明，因此受到时间的制约。这种制约条件使发表具有一定难度，加之还有心理和精神上的负担，这都使多媒体发表变得更为困难。

就上班族而言，如果说多媒体发表决定着给公司的业务报告、面向客户的营业项目报告等一系列活动的成败，并不为过，所以对上班族来说，多媒体发表是必须要面对的困难。

多媒体发表也是高校学生所面临的困难。不仅硕士和博士学位的论文审核都涉及多媒体发表的审核，最近，连公司入职面试中也采用了这一形式。

对亚洲人，尤其是害羞的中国人来讲，基础最薄弱、同时最害怕的就是多媒体发表。在中国的大学里，多媒体发表没有被定为一门学科，因此学生们并没有受过系统的多媒体发表方面的教育。另一个重要原因在于中国人不太习惯在众人面前发表自己的意见，甚至忌讳在众人面前发表自己的意见。就在几十年前的中国，敢于在众人面前发表意见的人还被传统文化视为“自恋狂”。

多媒体发表不是演说，更不是雄辩，而是发表者为了引导和说服目标听众的工具。在知识爆炸的信息化社会里，多媒体发表是一种在有限的时间内能够传递多少有效信息给听众，使听众产生共鸣以达到目的的特殊交流方式。

当然，多媒体发表也不是“做得漂亮的幻灯片”。把过多的精力投入到起辅助作用的幻灯片视觉效果上，有可能会毁掉多媒体发表本身。1990 年到 2000 年初，人们把幻灯片的视觉当作是多媒体发表的全部：精美的图片、绚丽的抛物线、闪耀的动画加上动听的背景音乐，任何人都会为此感叹。的确，幻灯片走出了单调生硬的图表和 OHP（投影）时代的多媒体发表框架，能够强有力地抓住听众的视线，对于发表者来说是非常有魅力的工具。但是，随着幻灯片制作技巧的熟练和简化，仅强调色彩的 PPT 已经无法更好地发挥多媒体发表的实质效果，简单朴素的多媒体发表能够更好地吸引听众。

现代社会生活中的各个角落都可以使用多媒体发表，而不再像以前一样局限在商务领域，如果发表失败，演讲者往往会产生严重的挫败感。可以这么说，这是一个无论在专业领域还是在商务领域，无论是学生还是普通群众，从教授到高级经营者，从初级公务员到高级公务员，都应熟练掌握多媒体发表技能才能生存的时代，更是一个可以使人通过多媒体发表受到关注的时代。

第二章

多媒体发表的目的

2.1 我们为什么做多媒体发表

在本章，我们看一下什么是多媒体发表的目的。

多媒体发表的目的

用一句话概括，多媒体发表的目的是：

使听众心动；

使听众理解发表者传达的信息；

使听众接受发表者传达的信息；

使听众同意发表者提出的内容。

这里的听众可能是学生、老师、研究员、消费者、生意合伙人、公司领导等。

多媒体发表的目的大致分为：提供信息、说明、说服等。

目的是提供信息的情况：为了将发表者拥有的情报分享给听众。

目的是说明的情况：向听众说明新的规定、流程或者系统。

目的是说服的情况：通过情报的提供和说明等手段，说服听众与发表者达成一致。

总而言之，多媒体发表的目的是不仅要把传达的内容用文章、图标、图解、照片、影像等方式整理出来，更是要与听众形成共鸣，使其理解后被说服。在这里强调的是，多媒体发表的重点不是做幻灯片，而是达到说服听众的效果；但是到现在，90% 的多媒体发表的准备都是花大量的时间和精力用于思考怎样把资料做得更漂亮，其对多媒体发表的认知仍然停留在“做好幻灯片”、“生硬的”、“无聊的”、“无奈的参与”等陈旧观念之上。

多媒体发表的最大失误之处在于：在准备阶段，把 90% 以上的时间花在制作 PPT 幻灯片资料上。其实，我们更应该花时间去思考怎样才能带给听众更多的影响。现在需要带来的是模式上的变化，也就是说从侧重于制作幻灯片的模式转为侧重于发表的模式。如果我们把时间和精力浪费在达不到目标的手段上，浪费在为了做发表而制作的幻灯片上，而没能与听众形成共鸣，那我们就本末倒置了！

我们可以简单地问一问自己：听众们为什么会聚集在会议现场？他们难道不是为了获得高于资料发表层面的东西而聚集在会议现场的吗？如果只是想分享新的情报，那么他们就没有必要花费宝贵的时间聚在一起，通过邮件等分享方式可能会更有效。听众们到现场来听多媒体发表，是为了寻找更多与自己工作、生活相关的东西，所以发表者必须给予他们所需要的，这样才能达到多媒体发表的目的。

第三章

多媒体发表的种类

3.1 按多媒体发表的目的分类

1. 为了说服听众的多媒体发表

大部分的商务多媒体发表属于此类，发表者为了个人目标或者公司、机关及团体的目标，说服听众作出某种决定或进行某种行为。

此类多媒体发表从企划阶段开始就要把焦点集中在听众的需要上，要分析为什么、是什么、怎么样。

2. 使听众心动的多媒体发表

大部分教学和讲义的多媒体发表属于此类，发表者通过刺激听众的情感，使之受感动来达到目的。要准备可以触动听众心弦的、刺激泪腺的多媒体发表资料，在对某种问题进行批评时拿出能解决问题的具体方案、改善方法等也极为重要。

3. 提供信息的多媒体发表

这是为了向观众传达有用的情报及知识的多媒体发表，此类多媒体发表中，个人或公司、机关或团体会将自己拥有的情报分享给听众。

此类多媒体发表不是与听众互动式地进行，而是单方面的传达。

4. 为了宣传的多媒体发表

此类属于商务多媒体发表，是公司、机关或团体以告知为目的向听众做的多媒体发表，此类多媒体发表要在企划阶段就开始注重影像、声音等可视化幻灯片的制作。

5. 为了助兴的多媒体发表

这是在节日或特殊日子的主题活动开始前进行的多媒体发表，是活跃气氛、使参加者感到愉悦的助兴型多媒体发表。

举例来说，在结婚宴席、花甲大寿、七旬大寿等有意义的纪念日进行的多媒体发表都属于此类，其主要内容为主人公和相关人员的照片、影像。

3.2 按多媒体发表的类型分类

1. 信息传达型

各种教育领域和工商业界的大部分多媒体发表都属于此类，它常常会伴随一定的利益关系。

此类多媒体发表要从企划阶段就开始认真准备资料，确保要传达的信息能够准确传达到；并且要保证情报的客观性和具体说服力，即要从听众的角度出发，把发表者认为重要的信息以简单易懂的方式向听众进行说明。

2. 问题解决型

主要是用于企业、机关或团体内的多媒体发表，是在纷争中以解决问题为目标的多媒体发表。此类多媒体发表要以问题发生的原因为中心进行分析，并把分析得出的原因用“六何原则”(5W1H) 进行整理并提出根本的解决方法，并且在通常情况下应拿出多重解决方案。

[参考] 六何原则

六何原则：这是新闻稿件写作中所强调的六大基本要素。“六何”指的是：(1) 何人 Who? (2) 何时 When? (3) 何地 Where? (4) 何事 What? (5) 何因 Why? (6) 如何发生 How?。这六大要素一般称为“六何原则”，也叫“5W1H”原则。

3. 意见受领型

这是以改善企业、机构组织、团体内的结构或规则为目标而进行的多媒体发表，一般由相关领域内经验丰富的成员参加，最终形成可以提出新理论的热烈氛围。

此类多媒体发表以发表者制作的幻灯片内容为基础，向更健全和更延伸的方向展开内容。需要留意的是，发表者在这个过程中不要发表片面和带有倾向的意见。

第四章

多媒体发表的重要性和必要性

多媒体发表存在从大学生的实习报告到上班族的业务报告，以及公司或研究所的项目议案，甚至制定的国情计划等多个种类、规模和样式。不管是什么样的多媒体发表，其目标都是为了取得成功。为此，发表者需要凭借自信和激情完成以听众为中心的多媒体发表。

对研发结果的多媒体发表是评价个人能力的具有决定性的重要尺度，可以这么说，多媒体发表是我们生存的重要方式之一。

4.1 多媒体发表的重要性

1. 生存竞争的重要法则

多媒体发表存在于生活的各个角落

对多媒体发表的结果感到满意时，发表者就会因成就感而获得巨大满足，感觉来到了天堂；但是，当结果不令人满意时，发表者就会因挫折而瞬间感到痛苦，就像到了地狱，感受到来自于生存竞争的挫败感。

抛开领域和工种，从低端到高端的职位多媒体发表不是可以随随便便应付的技巧，而是生存竞争中的重要手段。在残酷的竞争中，只有做好多媒体发表才不会被淘汰。要明白，我们活在一个靠多媒体发表能力发光的时代，这也是一个不管职位高低都要做好多媒体发表的时代。在职场中，多媒体发表的能力被定为在大小会议中发挥业务执行能力的标准，它的重要性增长如此迅速，你能说它不重要吗？

2. 多媒体发表是企业的成长动力

在企业里，从琐碎的小事到繁杂的大事，都始于多媒体发表，而其结果也常被多媒体发表所左右，所以说企业业务的成败取决于多媒体发表也不为过。

通常情况下，多媒体发表可以有效地诱导公司职员、上下组织之间的沟通，减少时间和人力资源的浪费，并团结全体成员，使之成为经营活跃化、创造化的动力和企业成长的有效助力。

在产业现场中，一次成功的多媒体发表也往往能进一步孕育出一次成功的商务合作。多媒体发表作为商务活动中的重要手段，已经得到了大家越来越多的认同。

总而言之，没有企业员工多媒体发表能力的提高，就没有企业成长的保障。

3. 提高多媒体发表能力的重要性及可能性

在职场生活中，多媒体发表已经成为让人不可忽视的要素，无论是在企业、大学、研究所、还是在政府机构中；无论是实务的担当人，还是中层管理者直至最高管理层，多媒体发表都已不再是可有可无的事了。根据职位及事由，每个人都有可能成为发表者，也有可能成为被发表者，谁也不知道自己何时会成为发表者。

就算是用优秀的内容制作幻灯片，如果因为没能有效地传达而造成多媒体发表的失败，发表的资料就会瞬间成为废纸，此时发表者的失败会被认定为能力不足，所以，重要的多媒体发表通常由经验丰富的人来担当。那么，经验能力不足的人就一定不能担任这样的角色吗?

可能你现在还不是一个优秀的发表者，也存在很多不足，但只要你肯努力实践，积累经验，提高自己的发表水平，迟早你也会成为一个优秀的发表者。

值得庆幸的是，多媒体发表不需要具备一流的口才，只要努力掌握技巧，就可以成为优秀的发表者。

4. 面试时多媒体发表能力的重要性

韩国最大的高新技术开发区——大德研究特区，位于韩国中部大田，在这个由政府主导、投资 30 多年形成的高新区内，有两家韩国著名的高校和 30 多家韩国的国立研究机构，这些研究机构在进行新员工面试时都非常重视多媒体发表的能力，将其作为第一考察的项目，其用意就在于培养优秀的多媒体发表者，以达到人才储备的作用，这也充分说明了多媒体发表的重要性。

把通用发展成世界上最好企业之一的美国通用公司的最高经营者杰克 • 韦尔奇 (Jack Welch) 在决定接班人的时候，提出了把多媒体发表能力排在第一的说法，多媒体发表的过程中强有力的表述能起到说服股东、激励员工、提高士气、增进业务效率，并借此来达到成功的重要作用。所以，如果你想要在职场中取得成功，那么在就业之前，就非常有必要提高自己的多媒体发表能力。

5. 多媒体发表在什么情况下最重要

在下面所列的以及生活中的各种企划活动中，多媒体发表都起到了重要的作用。

大学入学说明会

入职面试

项目订单审议会

业务现况报告

经营战略发表会

事业计划发表会

新产品发表会

投资说明会

提案发表会

宣传

教育及讲义

营业员的顾客商谈

国内外学术会议

各种研讨会（Workshops，Seminars，Symposium）

各种国内外会议

政治演说

国际活动的申办（奥运会、博览会、世界杯等）

多媒体发表的形式还有很多，这里就不一一列示了。

现场物语

最近在南非的德班（Durban）有个很好的例子，多媒体发表在这个例子中起到了重要作用。

2011 年 7 月 6 日，由国际奥委会在南非德班举办的 2018 年冬季奥运会选定活动中，韩国取得了胜利。

此次活动中，当时的韩国总统李明博、平昌奥运会申办团长赵亮镐、大韩体育会长朴永兴、选手金妍儿、发言人罗胜研等 8 人都进行了多媒体发表。他们的精彩演说打动了评委，帮助韩国赢了德国和法国，成为 2018 年冬奥会的举办国家。

发言人罗胜研先生接受采访时表示，韩国的多媒体发表者通过 100 多次的发表技巧训练，积累了自信感和发表力，最终达成了目标，这是以不懈的努力给予所有人梦想和希望的一次壮举。

根据报道，冬奥会带来的直接经济效益将超过20万亿韩元，预计总经济效益将会达到65万亿韩元。借此机会，韩国将再一次腾飞。在这个例子中，多媒体发表起到了重要作用，由此可以看出，多媒体发表在国民生活中占据着十分重要的地位。

4.2 多媒体发表的必要性

1. 改变运营方式的多媒体发表

也许在十年前，许多人还认为多媒体发表是初级或者职位低的人做的，高职位的人只需要听听，偶尔点点头就可以了，或者是找个预想不到的内容或形式来挑毛病，并且认为这样干是理所当然的。但是在美国，高职位的人譬如CEO们都亲自做多媒体发表，苹果公司的史蒂夫·乔布斯、微软公司的比尔·盖茨就是典型的例子。

在现在这个时代，一个人随着职位的变高，需要具备更好的多媒体发表能力，而已不再是把多媒体发表交给“下属”们做的时代了。

在各种会议中，以数据和情报为根本的讨论式多媒体发表，比起形式单调、欠合理的仅为发表而进行的发表，更容易被相关的元素所吸引，并且更容易被人们认可。

随着利用幻灯片的多媒体发表形式的导入，从近代沿袭下来的“上命下服”的垂直运营方式已经开始向双向的水平运营方式转变了。

2. 谁都需要的多媒体发表

如果不想被以利用视觉内容为主进行的多媒体发表时代淘汰的话，就需要准确区分个人、企业、机关、组织、团体等不同类别的多媒体发表。

项目的进行、业务报告、推销等，需要在听众、合作方要员或者审视委员面前展示个人、企业、机关、组织、团体的工作成果、营销策略等，都要通过多媒体发表来进行。

大家都在学校里读过书，所以在基本能力上不会表现出明显差异。但是，由于幻灯片的多媒体发表形式出现的时间较晚，大多数人都没能在学校里学习到相关技巧。在这样的环境下，如果再加上个人努力的因素差异，掌握与不掌握多媒体发表技能的人之间的个人能力就会表现出相当大的差距。现在，多媒体发表已不再是可以置之不理、冷落旁观的事情，我们需要一起努力培养这方面的个人能力。

3. 多媒体发表不是用流利语言来做的事情

无论是学生还是上班族，无论是公司底层还是高层，都有不得不做多媒体发表的时候。现在，如果人们在必须做的多媒体发表中无法传递准确信息的话，就很难在企划过程中达成目标。

现在，越来越多的人都在寻找通过多媒体发表来把信息传达给听众的有效方法。很多人在平时生活中可以顺畅交流，但是在听众面前做多媒体发表时，就会出现因紧张而说不出话来等无法准确表达自己意向的现象。

这种现象来自心理压力，可能会导致讲台恐惧症。在多媒体发表中避免出现这样症状的有效方法是不要去说很长的话，多媒体发表不是只靠说话的演说或雄辩，多媒体发表不是用流利的语言，而是用真诚的心、全身心的投入，以及自己的激情来说服听众的。

4. 比起幻灯片来说更需要热情的多媒体发表

有一段时间，利用 PPT 制作的视觉内容被认为是多媒体发表的全部，它要求有达到相当艺术水准的图像和动画，所以，能够掌握多媒体发表技能的人在职场中颇有人气。随着 PPT 应用的普遍化，其技巧更容易被掌握，因而以视觉内容为主流的多媒体发表，就慢慢转变为以简单的内容加上全身心的投入来感动听众的多媒体发表。从这时起，“多媒体发表不只是制作精良的幻灯片”的氛围被扩散开，大家开始明白多媒体发表更需要自信和热情。

5. 不能回避的多媒体发表

以多媒体发表开始并以其结束的报告活动的比重越来越大，利用投影仪的多媒体发表已经成为生活中的一个重要组成部分。想成为时代的佼佼者，你必须熟练掌握多媒体发表。

第五章

多媒体发表的历史

受装备、系统等媒介的演化影响，多媒体发表的发展历程也在随之发生变化。下面我们来看一下这个变化过程：

1. 利用简介图 (Briefing Chart) 的演讲发表
2. 利用胶片和幻灯机的多媒体发表
3. 利用 OHP 的多媒体发表
4. 利用 PPT 的多媒体发表

上面所述的是多媒体发表变化过程的大体脉络，让我们对此做一些更详细的解析。

5.1 利用简介图（Briefing Chart）的演讲发表

[图 5.1] 所示的是在三脚架上贴上板子固定之后，利用一打纸固定在上端来进行的演讲发表。在这里，Briefing Chart 是指在固定在板子上的纸上用马克笔 (Mark Pen) 来写字或画图形成的产物，也被称为活动挂图 (Flip Chart)。这里的挂图，严格来说是指挂在墙上的图，也指挂在挂图钩子上的挂图。

利用简介图的演讲发表，在电脑出现之前被用于全世界的各种领域，是当时交流和沟通的重要手段。

[图 5.1] 简介图 (Briefing Chart)

这种演讲发表形式起初被军事部队广泛采用。部队在开作战会议等紧要会议时，往往多人一起看简介图来发表意见或指示，采取紧要的演讲发表。利用简介图的演讲发表不仅局限于政府各部门，还用于机关或团体等，例如业务状况报告、事业计划发表等；利用简介图的演讲发表也流行于企业，例如业务现状报告、经验战略发表、事业计划发表会、新产品发表会、投资说明会等广泛领域，特别是各种紧急情况和大规模的工程现场；利用简介图的演讲发表还经常用在中高等学校的物理、化学、生物课程中，其理由是只利用语言和文章来说明相关图片和科学现象有局限性，为了帮助说明和学生理解，老师们喜欢利用简介图来阐述。他们在用简介图进行演讲发表时通常采用指示棒（教鞭），也就是细长的棍子。

在简介图流行的那个时候，不是任何人都可以做的，而是有专门的制作师。制作师是可以用马克笔写出漂亮文字的人，所以在那时利用简介图的演讲发表对一般人而言是陌生的。

5.2 利用胶卷幻灯和幻灯机的多媒体发表

[图 5.2] 所示的是幻灯胶片，[图 5.3] 所示的是幻灯机。

[图 5.2] 幻灯胶片

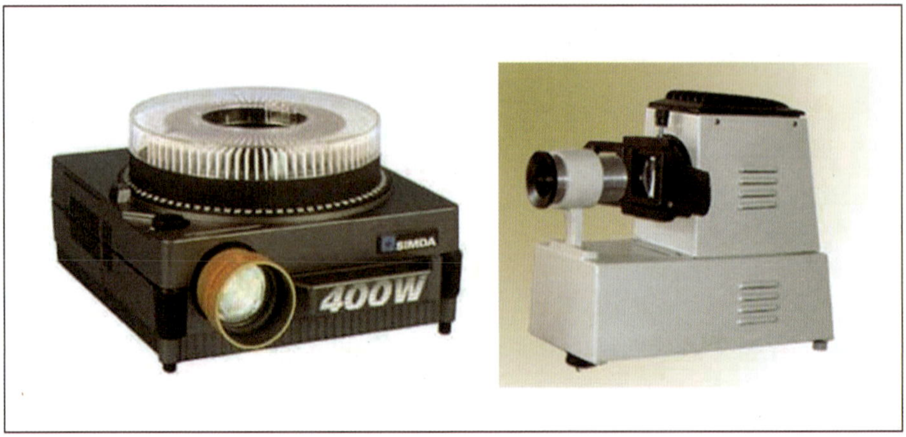

[图 5.3] 幻灯机

这个幻灯机其实是胶片幻灯投影仪，其原理是把拍摄的胶片放进幻灯机里，将光投影到幕布上从而获得影像。

幻灯机所用的胶片与一般胶片不一样，不是底片（Negative）胶片，而是正片 (Positive) 胶片。底片胶片的影像与被摄体和背景色的颜色是互补的，比如它会将红色变为互补的绿色，这样的色彩是观众无法接受的。所以，在利用幻灯机投影到幕布的正片胶片时，需要把底片胶片通过编辑作业转为正片胶片，这样才能在多媒体发表时使用。

胶片幻灯的制作困难，并且一旦做成就无法修改，使用起来不方便，对场地还有光线亮度方面的严格要求。所以，由于制作和场地方面的原因，使用胶片幻灯机的多媒体发表形式没能被普及，而仅局限于医学界的学术发表等领域，它与简介图几乎同时被使用，后来随着 OHP 的出现慢慢淡出社会。

5.3 利用OHP的多媒体发表

OHP 是英文 Over Head Presentation 的缩写。我们可以看到，在 [图 5.4] 中有一个非常亮的灯泡跟散热的风扇同在一个大箱子里，这个箱子上有一个比较大的抚平光线的镜头，如果把透明胶片 (Transparency) 放在这个镜头上面，就能形成文本、插图、图表等，并能投影在银幕上。这个装置就是 OHP。

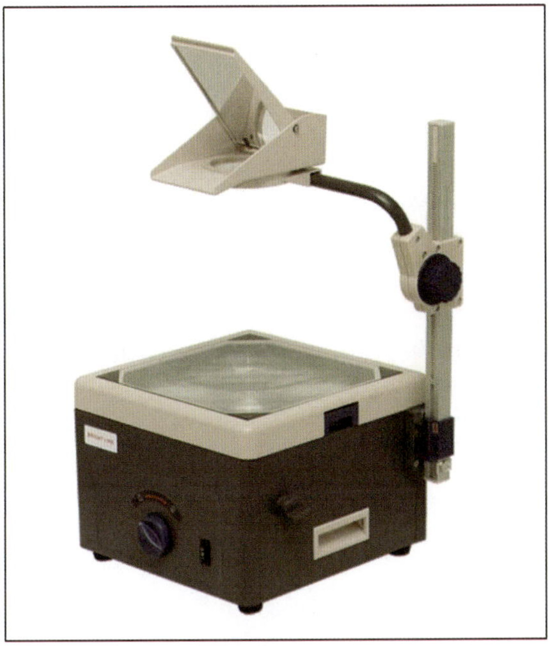

[图 5.4] OHP

OHP 的特点是在明亮的环境下也可以看清楚射到银幕上的图像，所以被普遍使用，最初它被用在警察厅，用于识别人脸的搜索。美军最早的使用记录是在 1945 年，之后到 1990 年时，它流传于各个学科领域，不过随着 PPT 的出现，OHP 多媒体发表最终消失了。

5.4 利用PowerPoint的多媒体发表

1987 年美国圣何塞硅谷的 Forethought 的 Thomas Rudkin 和 Dennis Austin 为了能在电脑上更容易地做多媒体发表，发明了 Presenter 软件。同一年，微软公司买下了 Presenter。两年后，也就是 1989 年，电脑版的 PowerPoint 问世了，之后，微软公司不断地更新版本，直到将 Presenter 演变成今天的 PowerPoint。

如今，人们提到多媒体发表就会想到 PowerPoint，这也是有原因的。PowerPoint 的全称是 Microsoft PowerPoint。1989 年，微软在第一次介绍 PowerPoint 软件时，用了

PowerPoint Presentation 一词，从商业上诱导人们在制作多媒体发表方案时想到此软件；而在同一时期苹果公司的电脑上，则采用 Keynote 软件进行多媒体发表。

一开始，PowerPoint 是工程师们与营销部门进行沟通时使用的软件，PowerPoint 的方便之处在于可以简化口头沟通，以此提高业务效率和各成员之间的能动性和互动性，及时掌握市场。后来，随着电脑的普及，小学生们也可以利用 PowerPoint 来进行多媒体发表了。

PowerPoint 带来的进步是显而易见的，在没有 PowerPoint 的时代，大部分的多媒体发表都是事先把打印好的材料发给听众，听众把大部分的时间和精力都用在读资料上，反而疏忽了多媒体发表本身，这就影响了多媒体发表的效果。

第六章

成功的多媒体发表

在现实生活中，我们会看到一些令人失望的多媒体发表，其失败的原因是多方面的。

例如，有的人平时看别人进行多媒体发表的时候就抱着隔岸观火、事不关己的态度，一旦自己遇上也需要进行多媒体发表时，就会因为没有相应的对策而陷入无所适从中。

更多的人在进行多媒体发表时，因为心情紧张，只好依赖于PPT的播放，不能在发表中更好地表达观点、表现自己。

而有的人在没有原则、没有策划、没有合理方法的情况下就进行了多媒体发表，过后对发表失败的结果满不在乎，既不进行反省，也不研究新的改进计划，就进行下一次发表，这样一来就形成了恶性循环。

当然，从客观上讲，由于从小学到大学都没有关于多媒体发表的正规课程，大部分人都没有接受过正规的多媒体发表培训，这就造成人们相关知识和技能的缺失，无法成功地进行多媒体发表。

此外，多媒体发表不成功还有其他原因，在这里，笔者就不一一举例了。

那么，怎样进行多媒体发表才能确保成功呢？

6.1 从正确的方向开始

1. 必须马上要进行多媒体发表的情况

如果是下个月或者一周后就要进行多媒体发表，应该如何开始准备呢？

a. 初学、零起点者

如果是下个月或一周后就要进行多媒体发表，无论是否重要，初学者都会感觉紧张、焦虑，甚至情绪失落。如果是需要进行项目工程、投资评议等有重要内容的多媒体发表，初学者会更加不知所措。其实，大多数从未进行过多媒体发表的人，即使在公司内部或校园内进行多媒体发表，也同样会感到无从下手。

在这种情况下，发表者首先要做的是策划工作，无论个人还是团队，都需要立刻准备正确的策略来保证取得多媒体发表的成功。如果只是紧张、焦虑，在没有策划好一个正确的策略前就轻率地开始后面的工作，不仅会浪费时间，更容易导致发表的失败。

不能让“因为急”成为你不做策略谋划的借口。越是在焦虑的情况下，人会变得越急躁，会在各个方面都进行尝试，最后发现自己只是在浪费时间。这样盲目地进行尝试，严重的后果可能是，你在发表的前一天还在忙着做 PPT，无法睡好，而在发表当天以疲惫的状态出现在现场，一字不落地读着屏幕上的文字，一旦碰上质问就会发慌……

也许到了这样尴尬的境地，你才会明白，做什么都要从基础开始，先进行策划，决定策略。

b. 初级、入门者

如果遇上同样是下个月或一周后要做多媒体发表的情况，无论多媒体发表重要与否，不用说仅仅是入门水准，甚至是经历过几次多媒体发表，稍微有些自信的人都会紧张。在这一点上，入门者与初学者一样，这种情况下要做的首先也是以策划为主，待确定日程进度后再全面开始，不能因为有些经验，就仓促开始，他们也需要选择正确的策略、合理的进度安排、系统的方法。入门者可以找出存在电脑里之前的 PPT 文件来参考，如果自己没有可以向同事借鉴。就算上次的多媒体发表中没有过大的失误或问题点，也不要掉以轻心，还是要时刻小心为好。总之，在多媒体发表中不能欺骗自己，而要全身心地投入。

有了上面这些铺垫，就可以进行日程安排、目标确立、听众分析、资料调查及分析、印刷物设计、幻灯片设计等一系列的策划，明确自己的战略战术，然后接着做 PPT 的幻灯片作业，最后做解说。

2. 有一定准备时间的情况

如果不需要马上进行多媒体发表，在有一定准备时间的情况下，我们需要先做哪些准备呢？

a. 初学、零起点者

现在的时代已经不是可以旁观的时代，作为现代人，不管是上班族的业务，还是学生的专业领域都需要做多媒体发表，除非你与其完全不相关。多媒体发表通常被认为是重要的信息传播方式，人们因此把多媒体发表想得过于简单、容易。但是，一旦站在众人面前、备受瞩目的时候，才发现与听众形成共鸣并说服他们不是那么容易的事情。多媒体发表不仅涉及发表的内容，还涉及如何进行发表，也就是说还涉及以心理学理论为基础的人体工学。就算你有与生俱来的好口才，也有可能因为站在别人面前而变得头脑空白、口干舌燥、两腿发抖。

多媒体发表不是准备一两天就可以成功的，在这个意义上来说，作为初学者，你更应该从一开始就一点一点地积累理论知识和实践经验；同时也要注意，对多媒体发表的学习，不能局限在提高自己 PPT 的制作水平上，而要明确多媒体发表真正需要重视的是策划、故事设计、幻灯片设计、发表过程、语言以及肢体语言运用。

读者可以在第二章至第四章阅读和学习多媒体发表的必需事项，熟练掌握其中内容，就可以成为优秀的发表者。

b．初级、入门者

通过多次多媒体发表积累了一定经验的入门者，可能想要在今后的多媒体发表中追求更专业一些的表现。这个级别上的他们已经知道什么是多媒体发表，也了解多媒体发表中存在什么样的困难。其问题在于，这些关于多媒体发表的信息，不是他们自己边看边学的，就是他们自己猜测的，缺乏坚实的理论基础的支撑，很可能在某些关键的时刻或遇到困难的时候被摧毁。

笔者曾经在大田高新区大德研究特区的科技联合大学研究生院给研究生们开过“怎样做多媒体发表”的课程，并通过这些讲座亲自体验和分析过入门者在多媒体发表中存在的各种问题，总结起来有如下几点：

第一，知道和实施是两回事；

第二，误以为播放 PPT 就是多媒体发表；

第三，不良习惯会在紧张的时候或决定性的瞬间暴露出来；

第四，头脑中还残留着不愿抛头露面的旧思想，所以在发表现场表现出在视线处理、面部表情等方面的做作现象；

第五，没有办法缓解心理压力，也没有办法克服讲台恐惧症。

想要更上一层楼的入门者，不要因为可以自如地制作 PPT 就骄傲自满，也不能忽视基础理论，要从头开始，虚心学习。从现在开始，不要只是单纯地提高自己的多媒体发表技巧，而要考虑把精力放到多媒体发表理论的掌握和实践上。要铭记，多媒体发表不是一天可以炼成的。

6.2 不要把所有的宝都押在PowerPoint的资料制作上

很多人一谈到多媒体发表就立刻想到利用 PowerPoint 制作幻灯片。

如果要在一个礼拜或一个月以后进行多媒体发表，现在的你首先要做什么？现实生活中，大部分人认为策划是没有必要的事情，他们喜欢在已有的 PPT 文件上动动脑筋，然后寻找照片、音像等资料进行补充修改。大部分人会先去看自己电脑上原来的幻灯片文件，然后找出做得最好的复制下来。如果在自己电脑里找不出合适的，就向相关同事或上司请求帮助。如果还是找不到，就在电脑里面找一个类似的 PPT 文件进行修改。

这种在电脑上一边找资料一边做 PPT 的做法，在文字内容较多的情况下还是比较容易进行下去的，就算当天没做好，放到第二天再改也是一样的，大不了修改的过程更漫长一些。但是，如果资料内容不只是文字，修改起来常常会顾此失彼，难以完结。如果没有完整的制作计划，想空手做出漂亮的 PPT 会是一种巨大的痛苦，即使有个团队来进行制作也是困难的。如果事先计划好，按正确的制作程序执行，就可以大大减少修改的工作量。

现在，没有计划的盲目制作方式渐渐消失了，但在制作方式上还是存在一些问题。比如现在的 PPT 作业很多是根据计划书或者文稿来进行制作的，这样会使制作效率变得很低，而且需要不停地修改，甚至造成没有时间进行预演的问题。没有时间进行预演，这是非常危险的。比如，发表人是高职位的人，而非 PPT 的制作者，之前只是大致了解发表内容，最后只能大概看一下内容后就进入会场直接进行发表，幻灯片中的细节不清楚，制作中出现的疑点也不清楚，一旦听众有问题，就只能凭自己知道的甚至是猜测的作为结论进行解释。

PPT 的制作对多媒体发表来说是很重要的，但是多媒体发表的准备决不能局限在 PPT 的制作上，更不能在 PPT 制作上浪费太多的时间和精力，而应该先策划好工作计划，高效地完成 PPT 的制作，留出足够的时间来进行预演等其他准备工作。

6.3 站在听众的立场

从战略上考虑，发表者必须要考虑听众的立场。也就是说，发表者必须进行这样的换位思考：如果我是听众，我在参加其他人的多媒体发表会，我希望的发表应该是什么样的呢?

回忆我们参加过的多媒体发表会，那些目标明确、说明简洁易懂、现实感丰富的发表总能引人入胜，而且过了好久也能记忆犹新。相反，一个无法理解的发表，只会让人在痛苦中度过发表时间。

根据我们的经验，成功的多媒体发表要么是有自己特色的，要么是有趣的、创造出愉悦气氛的。相反的是，如果发表者因为自己紧张，不敢看观众，只是看着荧幕照本宣科，听众们就会感觉乏味，失去兴趣，然后打瞌睡。

通过对比我们可以看出，如果发表者能够站在听众的立场把相关事务讲得很生动很有趣，听众就会始终保持愉悦，现场气氛也会非常活跃。

1. 设定明确的目的或目标

进行多媒体发表最先要做的事情就是要说明目的或目标，让听众明确所听的重点。

这时需要留意的是，在发表中存在因专业或职务的不同听众难以理解的内容，如果这种情况下还不给观众明确的目标，而是继续讲解，那么听众必然会迷失方向。

发表中还会经常遇到的情况是，虽然发表者在开始的时候讲过发表的目的或目标，但是听众在听到一半的时候已经忘记了。造成这样尴尬的情况，可能是因为在发表中发表者没有和听众进行眼神交流，只顾自己读稿子；也可能是因为发表时的声音很小，或者声音单调，或者发表时说话含糊不清。

为了不让听众忘记目标的情况发生，需要看着听众的视线来阐述发表的目的或目标，同时声音要洪亮，在开始、中间、结论处要反复强调以加深印象。一句话，强调目的或者目标，处处都要下工夫。

2. 用故事来说明

说明专业领域事情的时候，与这个领域没有直接关系的人很难理解，就算是在同一领域的专家也未必全都知道，在这样的情况下，最佳的多媒体发表方式是故事讲解(Storytelling)。

经常看到一些发表者对某一特定内容进行说明的时候，没有例子，只是频繁地使用数据、专业用语，或者外国学者发表的理论。像这样用生硬的方式进行解释，大部分听众很快会失去兴趣，在大学、研究领域是这样，在商务领域也是这样。

在这种情况下，就应该使用故事讲解的方式进行发表，使听众容易理解。故事讲解的方式就是把一件事情装进一个故事的框架内进行讲解。使用故事讲解这种方式，需要在多媒体发表计划过程中把故事内容设计成幻灯片，构建完整的发表计划。这种方式，对劝导从事理工科领域研究的教授或者在这个领域进行学习的学生，是特别有效的。

3. 唤醒听众的想象力

说明一个东西时有很多种方法，首要的方法是要提供合理的理由和正确的提示。

利用具体有趣的例子更容易让人理解，同时需要注意的是，不能乱用专业术语或简称。发表者自己要清醒地知道，不会因为使用了专业术语或简称而使自己的品味或地位升高。特别是在公司向最高经营者进行多媒体发表的时候，你不但不会因为使用专业术语或简称就被认为是有实力和能力的人，有时反而会因为乱用专业术语或简称，使听众听不懂，因而感觉厌烦，甚至有些最高经营者还会因为一些小事而大发雷霆。

其实，无论职位高低，在提高理解程度的办法中最有效的是唤醒听众的想象力，听众的想象使你的说明变得生动而有现实感。

听众可以从自己的经验中产生联想，这是因为表达本身就是一种想象，在本书第二部分中有详细解说此方法的心理学根源理论。利用想象来让讲解变得生动有趣，最简单的例子可以在幼儿园里面看到。在幼儿园老师们给小朋友读童话书的时候，为了提高理解能力，会利用想象的方法来讲给小朋友们听。

想象的方法除了可以增进理解能力，还可以延长记忆的时间。通过想象在听众大脑中形成的影像，会长时间地储藏在大脑中。

可见，用这个方法做多媒体发表，可以说是一举两得。大家可以用此方法来提高听众的理解能力，使多媒体发表的气氛更为亲切和蔼。

6.4 用全身心做多媒体发表

多媒体发表依赖语言表达是没有办法取得成功的，这是了解多媒体发表的人都知道的道理。那么，怎样做才可以取得多媒体发表的成功呢？首要一点，就是要做充满活力的“活着的多媒体发表”。

与“活着的多媒体发表”对应的是“死的多媒体发表”。那么，什么样的发表算是“死的多媒体发表”？如果用一句话概括，那就是死气沉沉的、没有任何情感表现的、只顾照着幕布上的文字朗读的多媒体发表。笔者看到过很多这样的多媒体发表，而笔者进入多媒体发表领域的原因之一就是因为目睹过无数“死的多媒体发表”，觉得不能再这样放纵下去。

还是让我们了解一下“活着的多媒体发表”吧。最先需要的是全身总动员，发表者要利用整个身体来做多媒体发表。大部分发表者在进行多媒体发表时显得非常吝啬身体的使用，只对眼睛和嘴的使用毫不吝啬，甚至连眼睛也限制性地使用，只是用于看幕布上的文本文件。

做多媒体发表必须用肢体语言，但是普通发表者为什么不喜欢使用肢体语言呢？使用肢体语言真的很难吗？其实肢体语言就是通过姿势、面部表情、眼神、手势等的混合运用来与听众进行交流，更有效地传达信息给观众。在这种情况下，发表不只是表现为用嘴说出来语言，而是全身心投入的肺腑之言。对此，我们将在第三部分中进行详细描述。

6.5 用预演来保证成功

说起多媒体发表，首先能想起的企业 CEO 肯定是苹果公司的斯蒂夫•乔布斯，每次他出席产品说明会进行多媒体发表时都会引起全世界的骚动，所有传媒都会表示赞扬，全世界网民也都赞不绝口。虽然他每次的多媒体发表方法都不一样，但每次参加的听众都会被感动，都会毫不吝啬地鼓掌。

那么，为什么史蒂夫•乔布斯的多媒体发表可以带来如此巨大的反响呢？对此问题的答案可以在美国卡迈恩•加洛（Carmine Gallo）身上找到。卡迈恩•加洛向全世界企业传授多媒体发表的技巧，是研究史蒂夫•乔布斯多媒体发表长达十年的美国多媒体发表专家。据他说，史蒂夫•乔布斯为了一个小时的产品介绍，在多媒体发表的策划阶段，就亲自挑选服装、饰品，预演数百遍，其间对幻灯片的设计反复修改，然后才进行发表。

而我们大部分人是怎样做的呢？大多数人也会有个人或小组的策划阶段，问题在于策划阶段大家都不太重视预演，把预演忽略了。忽略的原因有很多，最重要的原因是过分在意幻灯片的制作。而过度执着于制作幻灯片，是因为正式发表之前大家更容易通过看幻灯片来评价多媒体发表的好坏。“呀，发表资料做得真好！”“哪里，这个做得太烂了！”这样的表态莫衷一是。由于在发表之前幻灯片就会被其他人先看到，所以只要幻灯片做得好，就会被人称赞，就会有面子，就会在正式发表前得到心理上的满足感，虽然这时还不知道发表的实际效果如何。这就自然导致了忽略预演的情况发生。

现场物语

2011 年 7 月 6 日，在南非共和国首都德班举行的 2018 年冬奥会举办国家的选定仪式上，在第一轮投票后，韩国平昌就被选为 2018 年冬奥会的申办地，韩国申办团取得成功。在这其中，多媒体发表起到了很大的作用。从韩国代表团的新闻发布会的效果来看，多媒体发表让 IOC 委员们很感动。事后，韩国代表团发言人罗胜延先生在新闻发布会上说：为了这一次的多媒体发表，我们进行了一百多次的预演来做最充分的准备。

笔者通过 (YouTube) 等影像来观看和分析韩国代表团的多媒体发表，发现这次发表的确是没有一点失误的完美发表。韩国代表团中最显眼的发表者是发言人罗胜延先生和号称“国宝少女”的运动员金妍儿，他们的多媒体发表充满了自信，特别是运动员出身的金妍儿，她的姿势、视线、肢体语言完美结合，表现得很自信，很多人被她的演说震撼得当场掉眼泪。而他们事后的讲述更印证了多媒体发表中排练和预演的重要性。

现场物语

平昌冬奥会申办委员会委员长赵亮镐先生 (韩进集团董事长，大韩航空公司 CEO) 用高强度的训练和预演来克服讲台恐惧症，成了达成韩国国民夙愿的功臣，也向我们展示了可以通过高强度训练和演练来完善多媒体发表的例子。

现场物语

笔者在“韩国科学技术联合大学研究生院”（UST）的授课过程中，从大学生们的学习体会中了解到：发表时与技术相关的技法和熟练程度都无法仅从阅读相关书籍中获得，一定要有练习和实践。这一观点，还可以在负责平昌冬奥会申办委员长训练的英国多媒体发表专家的训练方法上得到验证。

想要一次就掌握发表中需要讲的话、发表方法、提示、动作要领等是十分困难的，如果急于成事反而会把事情弄得更糟。

为了防止这种现象的出现，我们需要在预演时使用多种有效的训练办法，进行阶段性的训练，这样成功的可能性更大。

6.6 用自信热情和真诚来完成多媒体发表

1. 用热情完成多媒体发表

成功进行多媒体发表的最重要的因素是什么？不是别的，是热情（emotion）！

这里所指的热情，是像火焰一样激情燃烧的情感表现。站在那里，纹丝不动，只是动动嘴，那样无法表达出火热的情感，而听众也不会被这样没有热情的多媒体发表所感动。

生硬地展开蹩脚的理论会带来多媒体发表的失败，勉勉强强的多媒体发表不可能避免危机的发生，没有热情的发表会使观众失去兴趣，只有热情的多媒体发表才能走向成功。

当然，外在的热情应该是内心热情的真实流露。心理学家的研究表明，发表者用充满能量的热情进行多媒体发表时，发表者的心跳会加快，听众的心跳也会加快。在多媒体发表领域，常常有人说“热情是可以被传染的”，这在心理学上是有理论支持的。

同时，心理学相关理论还认为，人类的情感总是先于理性发生的。发表者充满激情的演说，会使观众产生相反意见的概率降低。如果在策划阶段就计划好在何时与观众产生共鸣，即使观众在理智上无法马上接受，也可以带来情感上的正能量，有助于多媒体发表的成功。

大部分名曲都是中高低音的美丽结合而来的。虽然热情重要，但不是说所有内容都需要大声说明，有的内容的确要大声热情说明，但有的内容却需要低声。如果一直用大声进行说明，声音本身会成为噪音，使观众听觉神经疲惫。

2. 用自信做多媒体发表

发表者怎样才可以获得听众的信任呢？对此问题的回答比较明确，就是发表者本人要对发表内容有确确实实的信任，这里所说的发表者自己对内容的信任就是自信(Confidence)。

如果发表者对要说明的内容都不自信，那是没有办法产生动力的。反之，如果发表者对要发表的内容有自信，这种自信就会从发表时的声音、眼神及面部表情中散发出来，从发表者身体语言中散发出来，充满活力地传达给听众。

听众在多媒体发表开始阶段做得最多的事情就是留心地观察发表者，从头到脚，包括眼神、仪表仪容、发型、着装等。听众通过这样细致的观察、确认、检验，来确定是否可以相信发表者。从这点出发，我们要在策划阶段就计划好相应的战略，以达到一开口说话就能给听众带来自信感的效果，这样才能使多媒体发表成功。

发表者站立的姿势、说话的唇形、眉目眼神、面部表情、肢体语言等都要含有自信的元素，再加入热情的元素，就可以与观众形成共鸣，自然而然地获得成功。

3. 用真诚来做多媒体发表

真诚 (Trueness) 通常是指“真实诚恳的态度”，我们常用是否真诚来判断别人说的话或行动是“真实的心情”还是“虚伪的假象”。

在多媒体发表中，发表者以说服为目的进行说明时，不管发表者怎样反复，充满热情，如果听众无法从发表者的行为中感觉到真诚，这样的发表最后还是会以听众的失望而告终。比如，药贩子在大街上卖没有保障的药品，就算用全身的热情，使出各种甜蜜的宣传口号，路人也只是会在看一看后离去。

人的感性认知常常高于理性判断。发表者要想刺激听众的情感，与之形成共鸣，首先要体现出真诚的情感。如果没有真诚，即使再热情再有信任感，也还是无法抓住听众的心。

热情、自信、真诚中缺一个都无法获得多媒体发表的成功，因为这三个因素是密切相关的共存关系。发表者只有同时具备这三个情感正能量的时候，才能形成与听众实实在在的共鸣。

✪ 核心要点

用热情、自信、真诚来说服听众。

要形成与听众的共鸣，如发表者所愿，说服听众，希望听众报以相应的行为，发表者必须要有热情 (emotion)、自信 (confidence)、真诚 (trueness) 这三种正能量因素。

第二部分

多媒体发表的规划

第七章

如何规划一个多媒体发表

在你的日程安排中，几周或者几个月后有一个重要的多媒体发表，你将从何处入手呢？

你也许会打开电脑，翻遍以前发表的 PPT 文件，如果没有找到满意的文件，就从同事或者前辈那儿索要或者下载几个文件，然后在这些文件的基础上，开始修修补补。

或者你会在打开电脑启动 PPT 之后，不管三七二十一，想到什么就先写些什么，然后再找些类似的资料，做些补充的工作。

不管你是自由职业者还是上班族，如果你有上面所说的情况中的一种或几种情况，那么，从现在赶快改变，开始尝试新的开始吧！

此时此刻，你要做的第一件事就是规划你的多媒体发表。这里所说的规划，包括应该准备什么、如何去准备、怎么去发表。

简单地说，你要做的就是：拿着你的铅笔、荧光笔和几张白纸，走到书写白板前面，然后开始针对如何规划你的多媒体发表做出简单容易而且具体的勾画。

7.1 什么是多媒体发表规划

1. 什么是多媒体发表的规划

所谓规划，就是为了达成发表目的而确定合理的内容和实施的方法。

具体地说，规划多媒体发表就是为了达成发表者的目的，通过调查、分析、研究等工作，本着合理、系统、可行性强的原则，根据发表的主要内容以及内容间的逻辑关系，确定要发表的内容和发表的顺序，制定详细的实施方案。

2. 规划多媒体发表的必要性

为了能成功完成多媒体发表，针对发表的规划是必不可少的，它包括系统性的准备，对不确定因素的事前估计和排除，对难点、问题点的预测及相应对策的确定。如果是多人一起准备，还应包括调动和维持同组成员的主动性以及加强成员之间的配合。

7.2 多媒体发表战略会议

多媒体发表战略会议是指为了备战已经确定日程的发表，召集与发表有关的成员组成专案组 (task force)，让这些专案组成员更好地规划多媒体发表而召开的会议。简单地说，多媒体发表战略会议，是为了让与发表有直接或间接关系的成员聚到一起，各自说出自己的意见，大家一起讨论，通过这样多次、连续的会议来准备和修正发表材料，直到发表材料最终完成。

这种情形类似于军队里有特殊任务的“特别编制部队”，把这个概念扩展到一般的组织，就是我们所说的专案组。

有时候我们也把多媒体发表战略会议叫做头脑风暴 (brainstorming)。头脑风暴是一种为了得到有创意的想法而召开会议的方法，一般是 3 个以上的人聚在一起，对同一个主题展开自由讨论，收集所有在特定时间内讨论出的想法后，通过一轮、两轮的讨论，选出最适合主题的想法，然后再进入下一阶段工作。

我们之所以更多时候都称它为“多媒体发表战略会议”，是因为这样的会议承载了更多的内涵。为了能完成一个能让听众满意的多媒体发表，这样的会议是必须要有的。

即使对于一个能力出众、经验丰富的专家来说，多媒体发表战略会议也是必须要有的。实际上，越是能力出众、经验丰富的专家，对多媒体战略会议越是认同和重视，因而也会更加积极地组织和参与。

这里必须强调的是，如果说某小组中有个人是战略会议必不可少的，那这个人就是将来要做多媒体发表的那个人。不管这个发表是在内部进行还是对外举办，也不管做发表的这个人是不是身居高位，就算是最高经营者也一定要参加战略会议。只有这样，准备发表的专案组成员和发表者本人之间才能从一开始就形成共识，并为以后的进程打下坚实的基础，同时也能大大地提高工作的效率。

也就是说，发表者应该从第一次战略会议开始一直到发表结束的整个过程中，都要亲身参与并负责监督指挥，但是，现实却经常并非如此。

现场物语

在很多职场的多媒体发表战略会议上，发表当事人都身居高位，他们中的大多数人都只是在会议开始或结束的时候露一下脸就算参加过会议了，这样的情况导致的结果常令人失望。下属们通过多次的、反复的战略会议，通宵达旦地工作，最终完成发表材料，但是，这样完成的发表材料交给身居高位的发表人之后，发表人对材料内容基本上都会有或多或少的不满，然后，再修改，再审阅。这样的过程反复几次后，在发表日期的前一天深夜才能把最终版本确定下来。第二天早上发表人拿到发表材料，因为没有时间演练，所以只能用眼睛扫一遍，然后就匆匆忙忙地赶往会议发表现场。

以这样的准备过程做成的发表材料在很多人前面做多媒体演讲，不管是多高职位的发表者，都不能轻松地进行发表。他不得不甩开所谓的体面，一字不差地把投影在屏幕上的字一个一个死板地读出来，这样的情况常常会直接导致其他致命的错误。

如今，这样的旧习惯通行的时代已经一去不复返了，所以，从现在开始应彻底地抛弃这种习惯。如果你观摩一下苹果公司前 CEO 史蒂夫·乔布斯或者微软公司总裁比尔·盖茨的发表，相信你会有很多感触。

7.3 规划阶段应确定的内容

下面我们一起来探讨一下战略会议时应确定的最基本的内容。这些内容是大部分多媒体发表的最一般、最基本的事项。

1. 日程安排

多媒体发表战略会议上应该最先确定的、最有优先权的内容就是会议的日程安排。具体内容包括战略会议什么时候开始，什么时候结束，总共安排几轮会议，每轮会议讨论什么内容等。

2. 设定目标及目的，确定发表题目

在多媒体发表的规划阶段，需要最先慎重决定的一件事就是设定明确的发表目标和目的，确定发表的题目。这是因为，如果能设定一个具体的、形象的目标和目的，就可以通过发表给听众们传递准确的信息。最理想的题目应该是既简单明快，又包含具体发表内容的，它还可以成为听众获取发表内容的信息起点。

假如发表演说的邀请方或主办方已经给定了题目，那就只需要设定明确的发表目标和目的了。

3. 从听众的角度去分析需要考虑的事项

也许你认为这样有些小题大做了，但是，《孙子兵法》中不是也有一计叫“知己知彼”吗？对于发表演说来讲，这一计也至关重要。这是因为在规划阶段，只有确切地了解听众，才能恰当地、高效率地做好充分的准备。

4. 调查多媒体发表的场地时应考虑的事项

多媒体发表的场地也是影响发表成功与否的一个重要因素。比如说场地的大小不同，多媒体发表材料的 PPT 字符大小也应随之变化。对于空间非常大的发表场所，有可能因为投影字符相对太小而使得观众看不清字符，这点就应该注意。

另外，如话筒、照明、演讲台等情况，都需要在规划阶段事先调查和掌握清楚。

5. 收集和分析数据、资料时应考虑的事项

这个部分需要考虑的是发表者在制作 PPT 的时候需要哪些数据、照片、图片以及动画视频之类的资料，谁去收集，怎样收集，谁来分析、整理等。

这里要强调的是，为了达成发表目标和目的，要根据不同的主题和内容先去区分和分析所需要的资料，然后再进行系统的收集和整理。

6. 为了多媒体发表的成功，制定战略时需要考虑的事项

上面所说的资料的收集与整理工作完成之后，就应该对多媒体发表的整个过程进行设计，搜集并制定发表攻略，做一些战略上的打算。

在规划多媒体发表的时候应该考虑到说明体系、主干内容、PPT 内容由什么构成，还要规划好从什么角度，用什么方法去说明这些内容。

具体地说就是如何论述，如何去构成引论、本论和结论的内容，如何开始和结束发表等。

7. 设计发表材料的打印版本时应考虑的事项

很多人做多媒体发表时都喜欢把发表材料一字不改地打印并复印出很多份，在发表之前发给听众。其实这种做法是不合适的，原因主要有两点。

第一个原因是 PPT 的打印件并不适合作为发表材料的打印版本，如果打印版本和发表材料的 PPT 是一样的话，那就降低了利用投影仪去发表和说明的必要性了；

另外一个原因就是如果把 PPT 复印件事先发给了听众，那么很多听众就只顾着看复印件，因而听众的注意力就被分散，甚至不听发表者的解说了。

因此，在针对这一点进行规划时，应该考虑制作出一份与发表用的 PPT 不同的，用于打印的版本。

8. 设计 PPT 时应考虑的事项

PPT 的设计应该与之前针对多媒体发表所规划出的各相关事项保持一致，否则会直接影响到发表的成功与否。

具体地说就是灵活并适当地运用分镜头画面、动画演示，时间控制插件、交互式页面，合理地设计色彩的分配、字体和文字大小的选择等。

9. 使用幽默

多媒体发表时应慎重考虑的一点就是如何使用幽默。什么时候使用，如何使用，对什么内容使用等，都需要在这一步中进行考虑。

如果发表内容本身很生硬死板，可能会令听众感到厌倦或者烦躁。在这种情况下，可以从战略角度考虑灵活运用幽默这个手段去解决问题。

10. 预测听众可能提出的问题，并准备好相应的答辩方案

对于一个通过精心准备而精彩万分的 PPT 发表，不可缺少的一点就是能够对听众所提出的问题给出完美的回答。这对多媒体发表效果的影响是非常非常大的。

如果能够通过提问和答辩与听众达成共识，显然可以百分之百地让多媒体发表发挥出其应有的效果。因此，在多媒体发表的规划阶段就应针对听众可能提出的问题进行预测，并准备好相应的答辩方案。

11. 如何解决心慌、紧张的问题

由于走到众人面前成为焦点而产生的心慌、紧张的症状也叫做讲台恐惧症。这个需要根据不同的发表者来决定准备什么样的解决方法。如果发表者在众人前面一点都不觉得紧张，那么就不需要考虑这点，但如果不是这样，就要考虑对付讲台恐惧症的对策了。

12. 准备手稿

手稿其实也能叫“作弊小纸条”，它的需要与否其实也要根据发表者个人的情况决定。如果发表者站在众人面前容易紧张，大脑一片空白的话，那么就必须要准备手稿了。

13. 事先演练

不适当的多媒体发表方式有很多种，其中最不得体的就是发表者照着投影屏幕一行一行地读发表内容，但这却是现实中经常看到的场景。

毫不夸张地说，是否进行事先演练将直接影响到多媒体发表的成功与否，因而发表之前应抓住发表重点，感情投入地演练几遍。但是，大多数发表者却一遍都不演练，就贸然地走到了听众前面。

演练很难吗？不是，演练其实比想象中简单多了。重要的是在规划阶段安排日程时应该确定好从什么时候、用多长时间去做演练。

14. 需要事先检查和整理需要携带的物品

多媒体发表是在规定的时间内以很多人为对象的一个交流过程。这个过程中如果有一项疏漏或者没做好，都会导致整个发表的失败。

大多数情况下，很多人都容易轻视事先检查和整理需要携带的物品的这项工作。其实，如果事前稍微用点儿心去准备一下的话，就能避免丢三落四，保证发表能顺利地进行。所以，这项工作应该放在规划工作的最后一个阶段去完成。

第八章

确定日程

多媒体发表战略会议上应该最先确定的、最有优先权的内容就是会议的日程安排。本章我们探讨日程安排问题，下一章我们再针对战略会议什么时候开始，什么时候结束，总共安排几轮会议，每轮会议讨论什么内容等问题进行进一步的探讨。

从笔者近 15 年以上的观察和调查来看，如果是公司和企业的部门单位（小组、科室、部门），或者是机关政府单位内部或是对外举行的发表，即便根据发表的重要性大小不同，参加专案组的人员多少有差异，但基本上都会成立专案组 (task force) 来准备发表的相关事宜。

相反，如果是公司、企业和大学里的员工、学生做个人层面的多媒体发表，多数情况下都没有足够的准备时间，大部分人都是在查阅资料的时候就把资料一股脑地放进 PPT 里，基本上都是发表的前一天晚上熬夜才把 PPT 做好，这样一来当然也就没有演练的时间。

“事不关己，高高挂起”的风气在某种程度上造成了这种现象，这也导致了无论是前辈还是“资深人士”，谁都没有认识到在没有演练的情况下把全部的时间和精力都用到了准备发表材料上这种行为的错误性。也就是说，一般情况下，只有在公司或企业里才会组成专案组，一起对准备好的材料和发表方法进行讨论并找出问题点，研究改善的方法和技术。

那么，要如何进行日程安排呢？假设 10 天后有个重要的对外多媒体发表要做，现在我们以此为例来展开说明。为什么不多不少，偏偏假设是 10 天以后呢？那是因为用 10 天这个期限说明起来会更容易，也更好理解。

首先我们来看看如果采用一直以来习惯了的老方法去准备所做出的日程安排，如 [图 8.1] 所示。

<table>
<tr><th>D−10 to D8 (3)</th><th>D−7 to D−2 (6)</th><th>D−1</th><th>D−day</th></tr>
<tr><td>策划会议</td><td rowspan="2">幻灯片制作</td><td>修正完善</td><td>检查准备物 / 准点到达</td></tr>
<tr><td>资料收集</td><td>排练</td><td>多媒体发表</td></tr>
</table>

[图 8.1] 通常的日程安排 (10 日攻略)

从图中可以看出，我们一直以来习惯用的老方法就是确定规划会议日程，设定目标和目的以及确定题目，分析可能到场的听众，调查发表场所，收集和分析数据资料，设计PPT,设想一下可能会有的提问和对应的答辩方法等。这些看起来好像没什么不妥之处，其实不然，问题出在哪里呢？问题出在我们只是因为自己认为这些事项比较重要才列出来的，而不是真正认识到这些事项的重要性而列出这些事项。

还有就是我们大多数情况下都没有考虑多媒体发表的成功战略、设计打印版的材料、使用幽默、如何缓解紧张情绪、事先检查并整理需要携带的物品等事项，[图 8.1] 所示的流程中也没有给出足够的空间进行演练，甚至没有事先演练这一项，而是认为只要大致看几遍发表材料就可以了。

另外，对于发表者个人来说，也可以准备手稿，然而大部分发表者都倾向于不准备。即使不准备手稿，如果以老方法做日程安排，大部分发表者在发表时还是只能盯着投影出来的画面逐字逐句地读，因而也就不可能随时和听众通过眼神交流。在规划阶段确定日程的时候就已经开始出现这样的误区，这就是为什么到目前为止大多数的多媒体发表都让人觉得没有意思而且厌倦的原因。

如何才能合理地、正确地去为多媒体发表做规划呢？下面我们按照 [图 8.2] 来说明本书所推荐的方式。

D−10 to D7(4)	D−6 to D−4(3)	D−3 to D−2 (2)	D−1	D−day
策划会议	幻灯片制作	排练	最终排练	检查准备物 / 准点到达
资料收集		修改完善	检查准备物	多媒体发表

[图 8.2] 合理的日程安排 (10 日攻略)

如 [图 8.2] 所示，在规划会议的阶段就应该列出有关确定日程，设定目标和目的，确定题目，分析可能到场的听众的信息，调查发表场所，收集和分析数据资料，设计PPT，设想一下可能会有的提问和对应的答辩方法，考虑多媒体发表的成功战略，设计打印版，使用幽默，考虑如何缓解紧张情绪，事先检查并整理需要携带的物品等的事项。

因此，日程安排上应该战略性对待的事项必须在 10 天中的前 4 天就处理好，再用接下来的 3 天制作 PPT。PPT 是在通过头脑风暴方法得到的主要内容的基础上制作的，这样既可以提高工作效率，又可以使负责制作 PPT 的人不会感到厌烦，从而顺利地完成制作 PPT 的工作。

在这样的规划方案下，用 3 天时间完成 PPT 的制作，接下来发表者就可以开始进行演练了。演练可以先花上 2 天时间，可以同时使用两种方法来进行演练，一种是在专案组成员面前，另外一种就是自己一个人在房间里反复练习、熟记内容。

通过两天的事先演练可以找到发表的问题，然后去改善和解决，修改并完善 PPT，同时还可以修整和完善发表方法。另外，在这个过程中还可以注意发表者的身体语言，发现自信和热情、平稳性等方面的问题并加以改善或改正。

经过这样一连串的修正和完善过程之后，就可以利用整理出的 PPT 以及发表方法进行最终的演练，然后就可以给准备过程画上一个句号了。

第九章

设定目的和目标及确定题目

前面第八章中我们讨论了如何安排日程，现在我们一起探讨在多媒体发表战略会议上规划会议的日程安排确定以后应最先开始着手的事项，也就是明确地设定目的和目标，并确定发表的题目。具体地说就是决定和确定通过这个发表要表达一个什么样的主题，在一个什么样的目的的指引下达到一个什么样的目标。

9.1 设定目的和目标

1. 设定目的

听众对你的发表感兴趣，就会满怀热情地来听你的发表，因此在确切地设定目的和目标的过程中，需要特别注意的是如何设定一个可以满足听众的兴趣，不辜负听众热情的目的和一个能支撑得起此目的的确切目标。

这里必须要特别说明的是“目的”和“目标”的定义和解释，这是因为大部分多媒体发表者都会在不能明确区分两者的区别的情况下对这两个词混乱地使用。

目的是指为了实现计划或者梦想中的事情去努力的方向，英文是 purpose，目的不是一个可视的物体或概念，而是抽象性的。也就是说，目的是一个概念，这个概念具有不可直接观察和测量的特性。

而目标是为了实现一个目的而设定的一个实际的、标尺性的东西，英文叫做 goal, target, mission。它通常是一个具体的物体或者概念。也就是说，目标也是一个概念，但这个概念具有客观上可以观察或者测量的特性。

这样看来，比起目标，目的是一个更有高度的概念。

下面我们通过几个例子来更明确地理解这两个概念。

（1）以金妍儿选手为例

- 目的是“成为世界上水平最高的花样滑冰选手”。
- 目标是“获得冬季奥林匹克运动会花样滑冰项目的金牌”。

（2）以韩国的 K-Pop 产业为例

- 目的是“让 K-Pop 在全世界获得好评”。
- 目标是“在美国、日本、法国、英国和巴西这 5 个国家的市场占有率达到 90% 以上”。

（3）以在线游戏 A 公司为例

– 目的是“提供能让顾客满足的有意思的游戏产品”。

– 目标是“在 RPG 游戏中占有率达到 60%，成为业界第一”。

[备注] RPG

RPG 是角色扮演游戏 (Role Playing Game) 的缩写。

现在，你应该可以分清目的和目标了吧。

现实中发表的目的可能有以下几项 ：

- 介绍研究结果
- 研究成果的实用化和产业化
- 维持对新兴产业的投资
- 宣传新开发出的产品
- 项目立项
- 鼓舞员工的士气
- 培训和训练员工

希望读者可以参考上面列出的多媒体发表的目的，学会并记住如何设定发表的目的。

发表者在一开始就要明确为什么要做多媒体发表，并把原因整理出来。从其他与会者的立场出发，考虑“为什么要参与这个发表”，然后先把能想到的确切的答案设定为做发表的目的。

2. 设定目标

设定了发表目的之后就应该设定发表目标了。之所以要明确地设定发表目标，大致有以下两个原因。

第一，让潜在的参加人员觉得有必要、有推动力去听你的发表，让他们能够自始至终集中注意力积极地参与你的发表。

第二，发表目标可以作为发表者通过多媒体发表所需要达到的指标。为了达到目标，需要准备一些能够展示给参加的人员看或者听的材料，还要能够做出充分的解释和说明。如果不能明确地设定发表目标的话，也就失去了一个可以衡量你所做的多媒体发表好坏的标准，就不能清楚地判断你所做的发表成功与否。

因此，在规划发表 PPT 内容的初期阶段时就应该明确地设定好发表目标。为了能让听众更好地理解发表内容，在规划发表 PPT 内容时，对于目标，不要单纯依靠文字，还可以适当使用剪切画、图片、视频等。在发表时，可以一边展示这些材料，一边把自己整理好的话讲出来，以展示出应有的自信、热情和亲切感，这些都可以大大地提高发表的成功率。

为了能成功地完成一个多媒体发表，要先设定一个明确的目标，然后确定可以支撑这个目标的内容主干，以及各个下一级的内容项目，再以这些为框架规划发表的绪论和结论。

让担当规划任务的专案组优先考虑如何通过此发表引导听众的思想和行动，然后把这些方法具体化，这是能够保证明确地设定目标的一个方法。

听众是为了得到什么信息才来听这个发表的？他们对这个发表有什么期待？在调查听众的信息时如果能够掌握这些信息，那么就会对设定发表目标有很大的帮助。

9.2 确定题目

如果邀请你去做发表的机关或者企业已经事先给定题目，或者接到项目的过程中已经确定好题目，就没有必要再探讨如何确定发表题目了。

但是，如果题目没有事先给定的话，就需要规划专案组去确定一个合适的题目。

如果已经完成发表的目的和目标的确定工作，下一步该做的工作就是确定发表题目。

你是不是觉得这个确定题目的顺序多少有些奇怪呢？这是笔者通过长期收集的发表实例和许多次的巡回演讲经验总结出来的。多媒体发表时，最先和听众见面的就是发表的题目，因而更要慎重地决定。题目不能仅仅只是个“题目”，它还应该是一个工具，一个能够传递给听众强有力信息的工具，一个能够让听众一开始就被深深吸引的工具。

一个通知或公告上的题目都不仅仅是一个信息那么简单，还要拥有能够抓住听众的内心和思想的力量。因此，一个好的题目可以让准备听发表的人在看到这个通知或公告的一瞬间，不需要多余的言语，就决定要去听这个发表。可见，确定一个好的题目，可以让它发挥出最大的作用。可以说，在一个多媒体发表活动过程中，从达到目标的角度来看，题目所起到的告知作用是举足轻重的。

确定题目以后，下一步工作就是设定一级主题、二级主题和小主题。

之所以要设定地这么详细，是因为这样在设计 PPT 的过程中，就可以明确地区分和载入之前已经确定了的需要被说明的内容。

第十章

收集和分析关于听众和发表场所的信息

为了能成功地完成一次多媒体发表，一个不能缺少的准备事项就是调查和掌握有关听众和发表场所的信息，适当地准备一些对策，然后把这些对策铭记于心，并在策划的相关阶段反映出来。

听众和发表场所，再加上发表目的，都算得上是影响多媒体发表成败的重要因素。然而，在现实中的大多数情况下，大部分人都只是对听众和发表场所的信息作大致了解之后就草草结束这部分工作了。虽然有时候也想更详细地去了解，但是很多时候因为这样那样的原因，只能“适可而止”了。

如果想让一个发表得到不仅是发表者自己，周边的人，甚至公司老总都毫不保留的称赞，事先的调查不仅是必需的，而且是必须的。因此，不要似做非做地去调查，而是要像一个专业侦探一样彻底地调查并做出近似完美的准备。

10.1 听众信息

多媒体发表的日程确定好之后，在规划的时候需要最优先考虑的事项中不可缺少的一项就是调查有关听众的信息。有什么样的听众会来？他们为什么要来？掌握这些信息之后就要准备好相应的对策。

多媒体发表不是为了发表者自己而去发表，所以不能像电视或广播那样，不用管有没有人看或听，也不用管观众的反应怎样（至少他们播放的时候是这样），就自说自话地进行发表。多媒体发表并不是一个单方向传递信息的行为。

所以，如果对听众的信息一点都不了解，也不进行分析，就去做多媒体发表，那么在说明发表内容的时候，很难确定说明到一个什么样的深度才是合适的。多媒体发表的内容和相关听众的专业水平高低要互相匹配：如果听众的专业水平都很高，而你发表的内容却很简单，说明得也很简单，那么就可能会让听众觉得你是在做科普，对你不屑一顾；反之，如果听众大部分都不是专业人士，而你的内容却很深入很专业，那么就会让听众听不懂，还是体现不出发表的意义。不管是哪种情况，都可能会导致听众觉得腻烦，没有意思，进而烦躁并且失望地离开发表现场。如果发生这种情况，发表就失败了。

如果反过来再看这些失败的多媒体发表，其失败的根本原因都可以归结为大部分的发表者在不知道听众是谁、也不知道听众想通过听发表得到什么信息的情况下去做发表，也就等于是在没有任何针对听众的计划就去做发表。

根据心理学的理论，像多媒体发表这种以大众为对象的行为，听众都是想听他们想听的，发表者也就应该讲听众想听的。如果发表者不能痛快地满足听众想知道的、想看的、想听的内容，听众就会拒绝来自发表者的一切，对发表者置之不理，这一点，希望发表者应该铭记于心。如果你在发表的时候发现你的听众不看屏幕，而看着窗外，或者直接闭上眼睛睡觉等情况，你就应该意识到这都是你准备不足而得到的结果。

听众对发表是漠不关心，还是一个个集中精力，脸上带着很感兴趣的表情，跟着发表者的说明认真地聆听，这都取决于发表者是否事前调查和掌握了有关听众的信息，是否对这些信息进行了分析并考虑好了相应的对策。

也就是说，如果发表者事前调查和掌握了有关听众的信息，对其进行分析并恰当地制定好相应的对策，多媒体发表的成功率就会大大提高。孙子兵法中谈“知己知彼，百战百胜”，说的就是这一点。

然而，现实中经常遇到的情况却不尽如人意，不少发表者事前不针对有关听众的信息进行调查和掌握，更谈不上进行分析并恰当地制定好相应的对策了。

✪ 核心要点

多媒体发表的日程确定好之后，在规划的时候最应优先考虑的事项中不可缺少的一项就是调查有关听众的信息，包括什么样的听众会来，他们为什么要来听我的发表等。考虑和掌握好这些信息之后还应准备好相应的对策。

如果发表者事前调查和掌握了有关听众的信息，对其进行分析并恰当地制定好相应的对策的话，多媒体发表的成功率就会大大提高。孙子兵法中讲“知己知彼，百战百胜”，说的就是这一点。

1. 调查有关听众的信息

前面我们谈到如果要达到发表的目的，就需要掌握有关听众的信息，分析信息并制定相应的对策。只有深入地了解敌人，才能在每次的对决中取胜，这个理论并不仅仅适用于战争和运动竞技比赛。

发表者通常只有一名，然而听众少则三五名，多则数十名、数百名甚至更多，这样的情况下，发表者要在几十分钟内赢得这场“智谋大对决”，如果事先不去了解听众，就孤身一人出战，用什么去保证你能赢呢?

下面我们具体地讨论一下要调查听众的什么信息，用什么方法去调查等内容。

a. 调查项目

在调查听众信息的工作中，一个重要的内容就是决定要调查哪些项目。下面我们来看看在确定要调查哪些项目时所需要优先考虑的几点。

第一，为了能确定对策所必需的项目。因为调查的对象是人，所以一些没用的项目就毫不犹豫地排除吧！ 如果你连听众的私生活都去调查的话，弄不好就会耽误调查听众其他的信息项目，导致整个调查失败。

第二，从调查本身出发，尽量选定一些可行的，并具有实效性的项目。需要调查的信息项目中，有的是能够调查到的，有的是不可能调查到的。在规划阶段应该认真检讨审核，尽量只选择必须要调查而且能够调查到的项目。

下面的 [表 10.1] 是对听众和发表场所信息进行调查的例子，大家可以参考这些例子，根据自己的情况，尽量减少一些不必要的项目。

[表 10.1] 有关听众和场所的调查事项的示例

对听众信息的调查项目
◆发表日期：[ ]年 [ ]月 [ ]日 ◆开始时间 - 结束时间：[ ]点 [ ]分 ～ [ ]点 [ ]分 共( )分钟 ◆联系方式：负责人姓名 [ ] 职责：[ ] 电话：[ ] E-mail：[ ]
◆ 核心人物(Key Person)：头衔[ ] 姓名[ ] ❖ 与发表主题相关的兴趣，喜好：[ ] ❖ 个人风格： ☐专业水平高，细心，多问的 ☐ 开朗大方，外向，合理处事 ◆ 中间决策者：头衔 [ ] 姓名[ ] ❖ 与发表主题相关的兴趣，喜好：[ ] ❖ ☐专业水平高，细心，多问的 ☐开朗大方，外向，合理处事 ◆ 业务负责人：头衔[ ] 姓名[ ] ❖ 专业水平高，细心，多问的：[ ]

续表

对听众信息的调查项目

❖ 个人风格：

□专业水平高，细心，多问的 □ 开朗大方，外向，合理处事

❖听众的数量：大约 [ ]名

男：[ ]%

女：[ ]%

❖听众的职位分布：

打工族 [ ]%

中间管理层 [ ]%

高级管理层 [ ]%

是否是最高层管理者：□O □X

❖听众的年龄分布：

60岁以上： [ ]%

40岁 ～ 50岁：[ ]%

20岁 ～ 30岁：[ ]%

❖主力听众的学历：

□高中毕业 □本科毕业 □研究生以上

❖主力听众的专业领域：

[ ]领域

❖主力听众的工作经验： [ ]年以上

❖听众对本发表主题的理解：□基本不知道 □知道一点儿 □基本算是专业级别

❖听众想通过本发表获取什么信息：

[ ]

❖听众关心的领域：[ ]

❖与发表主题相关但听众却不喜欢的事项：

[ ]

◈ 演讲发表场地的位置：[ ]

◈ 演讲发表场地的规模：□小规模会议室 □小规模培训室 □教室 □大讲堂

◈ 装备：□PC/手提电脑 □投影仪 □无线话筒 □别针麦克风 □一般的话筒

□演讲台 □遥控器 □暗室或者遮光用的窗帘

◈ 其他：□PPT程序的安装播放 □PC/手提电脑里编播放软件的安装

正如 [表 10.1] 中所列出的，对于听众的信息大致可以分为日期时间、负责人的联系方式和有关项目、主要人员的相关信息项目、听众的有关信息项目。对于列出的这些项目应该详细地调查并掌握。

首先要记下多媒体发表的日期，然后再详细记下开始时间和结束时间，精确到几点几分。还有，为了保证即使发表结束了以后还能联系到负责人，最好还要把负责人的姓名、职务、电话号码、电子邮箱地址等主要信息记下来。这里所说的负责人，通常是指发表会议主办方的实际业务负责人。

下一步就要看这个多媒体发表的发表目的了。如果这个多媒体发表有着像产业发展或者项目申请等这样重要的目的，那么就还需要调查和掌握对这些事业或者项目最具影响力和决定权的那些人的信息。

另外也要留出空间以便填写关键人物 (Key Person) 或者中间决策层的头衔、姓名、年龄、性别等信息事项。

然后还要掌握和注意每个人对发表主题的什么方面感兴趣，专业水平如何，细心与否等，甚至可以包括受调查者的性格是外向豪放还是小心谨慎等内容。

最后，有关实际业务的负责人的头衔、姓名、年龄、性别等信息事项也需要被记下。

这些都完成之后，调查项目示例表中的下一项就是有关听众的信息事项了。

首先，应尽可能调查和掌握到听众的数量，还有男女比例。还要掌握听众的职位都是什么级别，是打工族、中间管理层还是高级管理层。最好还能标记出公司的最高管理人员是否会作为听众去参加发表会。

听众的年龄阶层可以按照年轻层(20 岁到 30 岁)、中年层(40 岁到 50 岁)和老年层(60 岁以上) 来区分，掌握他们的年龄层之后可以标记出每个年龄层在听众中所占的比例。

接下来就应该对主力听众的学历进行研究，是高中毕业学历占多数，还是本科毕业占多数，或者是研究生以上学历占多数。

再下来的一步就是要记下主力听众的专业领域和方向，这一点最好由记录这些数据的人亲自写入表格，另外还需要记录数据的人亲自记录下主力听众的工作经验。

在听众对主题的理解度这一项，可以分为“基本不知道”、“知道一点儿”和“基本算是专业级别”三个选项去分析和掌握。

“听众想通过听本发表获取什么信息”这一项最好也由做记录的人亲自填写，“听众关心的领域”和“听众对于与发表有关的喜好”等事项也需要调查和掌握。

最后，对发表场所的调查也应该和对听众的信息调查一起设计到调查表中。通过电话或者亲自去调查有关听众的信息的时候，可以把有关发表场所的信息一起调查了。如果分开，单独进行调查，不管是对调查的人还是发表会的主办方，都是一件烦琐的事情。

b. 调查方法

对听众信息的调查方法大致可以分为两种，需要根据实际情况准确地考察和判断之后才能决定用什么方法进行调查。

（1）通过电话或者亲自访问的方式直接调查

对听众的信息的调查方法中最常用的，也是最一般的方法就是通过电话询问，听众的信息主要来源是给发表会议的主办方负责人打电话或者发文件索要。但是，如果事先没有任何计划准备，很冒昧地问，就很容易把事情办砸，所以需要特别小心谨慎。如果发表场地并非离得很远，不是在海外或者国内很远的地方，那么负责人亲自去访问并做调查才是最安全并且保险的方法。这时就可以带着 [表 10.1]，对其中的有关听众信息的项目一项一项地进行询问并准确地记下调查结果。

（2）通过网络或者第三方进行间接调查

有些时候可能因为某些原因而不能对听众的信息进行直接调查，甚至通过电话调查这个方法本身就不可行。比如说，审核项目的审查委员会或者评价委员会的委员们的信息，大多数情况下都是不公开的，甚至保密的，这也就在客观上造成了直接调查不可行。

这种情况下，就需要通过推测、网络搜索或者有关联的第三方对 [表 10.1] 中列出的有关听众和发表场地的调查项目进行间接调查并记录调查结果。

2．分析听众的信息及准备对策

在准备多媒体发表的规划阶段，不管是通过电话或者亲自访问进行的直接调查，还是通过网络或者第三方进行的间接调查，重要的是要对掌握的信息进行分析。只有分析之后才能针对各个项目准备相应的对策，才算是真正完成了规划过程中应该有的、针对听众的一系列的准备事项。

如果是同一个公司或者大学内部举行的发表会议，与会者人数从几个到十几人不等的小规模发表会，就不需要对听众的信息调查制定什么特别的战略方法了，但这并不是说就不用分析那些初次见面的听众的信息。即使是在同一个机关或者企业，一起工作的上司或者同事，如果听众人数比较多，也还是需要制定一个合适的战略方法去分析他们的有关信息的。

如果你正在努力准备的多媒体发表的目的关系到项目的促进或者课题的审批等重大事项，需要调查那些对项目有着绝对影响力或决定权的人的信息，就要像下面所说的一样，对各种不同的情况进行分析和准备相应的对策。

[表 10.1] 中列出的对有绝对影响力或决定权的听众的信息的调查事项，实际上是对核心人物、中间决策层或者实际事务负责人进行调查。假如说我们调查了这中间的任何一个听众，下面我们就一起来看看该如何针对各种不同的情况进行分析和准备相应的对策。

a. 针对影响力大的听众的喜好做好准备

调查结果中不管是记录并掌握了对核心人物、中间决策层或者是实际事务负责人中的任何一人的“与主题相关的喜好”一项，都应针对它与主题有什么关联进行分析，与之相关的内容在第十二章“多媒体发表的成功攻略”中有详细阐述。具体来说就是，“它与哪一个发表事项有关联”这个事实应该被记录在规划书中。

还有，如果这个多媒体发表对于发表者本人或者所属单位非常重要，就应该考虑要展示什么给有决定权的人看，讲什么给他们听，并以此为起点去规划 PPT。

b. 针对影响力大的听众中专业水平高、细心并且多问的人做好准备

对于专业水平高、细心并且多问的人，在准备打印版的演讲资料时，统计数据的参考文献及出处，还有利用这些数据计算的过程都要详细地标记出来，以备发表结束后需要说明的时候参考使用。

在说明重要的核心内容时，最好能尽量详细地列出能够证明因果关系的证据资料。如果可能的话，最好能设计出一个符合逻辑的 PPT 准备攻略，在这个攻略中可以考虑利用收集到的数据做出的图表，或者现实中的图片和视频资料。因为只有这样做才能让听众消除疑问，不至于歪曲发表内容。

对于这种类型的听众，在规划阶段，应该按照尽量能使用实例、逻辑和证明材料的原则去准备对策，而不是过多地依赖口头解释。

对于这种听众，还需要注意的一点就是，如果你发表时在任何一个需要留心的内容项目上有一点不合逻辑或者不严谨，他们有可能会因此否定你的整个发表。这一点在规划阶段需要极其慎重地进行考虑。

在学术界，具有这种“专业水平高、细心多问”风格的最高管理层出乎意料的多，所以更需格外注意。

c. 针对影响力大的听众中开朗大方、合理处事的人做好准备

对于开朗大方、外向、合理处事的听众，准备发表时应本着在合乎逻辑的发表内容的基础上，尽量清楚地表明阐述的原则。这里必须考虑的注意事项是在进行发表说明时，发表者在展现出充分的自信和热情的同时，还要表现出足够的亲和力，这一点应该在第十二章制作成功的发表攻略时有详细阐述。有着开朗大方、外向、合理处事风格的最高管理层大部分都有着敏锐的判断力、渊博的知识，同时还非常谦虚，有着“像天才一样的”人格和能力。可喜的是，目前像这样的人已经变得越来越多。

如果听众人数达到几百人，那么还要做好对公众的战略准备。如果事先已经预测好了听众的数量和男女比例，并根据这个预测设计好攻略，做好准备，最后的发表无疑将是成功的。如果听众中女性远远多于男性听众，还要尽可能做好对女性观众进行发表说明的战略；反过来，如果男性听众占大多数，就应尽可能做好对男性观众进行发表说明的战略。

d. 针对公众的发表战略

这里我们可以把超过 100 名听众的集体定义为公众，在这种情况下，最好能设计出一个包含了考察并分析公众心理的发表攻略。

所谓的公众，一般来说都是比较情绪化的，是在冲动性动机的驱使下易冲动的人聚集起来形成的团体。公众心理是社会心理学的一部分，是指超过一定数量的人聚集在一起，能做出自己单独一个人不会做或不能做的行为的一种心理状态。一个个体放到群体里之后，个体的个性和个人见解并不能完全展现出来，而是更容易跟着群体的思想去行动。所以，我们时常能看到一些超过个体意愿和能力的团体行动在社会上不可避免地发生。

更具体地解释公众心理这个词，就是许多参会个体聚集起来形成听众团体，但是这个团体却仍然像一个个体一样有着统一的感受、情绪化的行动。所以，如果你的发表能让听众中的某一个人表示认同，那么其他中立状态的听众也会倾向于对你的发表表示肯定和认同；相反，如果其中一个听众对你的发表耸耸肩，或者做出其他表示不认同你的行为，处于中立心态的听众也会向否定你的发表立场倾斜。然而，问题也就在于否定情绪比肯定情绪更容易同化其他人，所以更需要多加注意。

另外，如果听众够多，听众自己也就不会有紧张感，从而有可能降低对发表的注意力。一方面，听众可能会漫无目的地看看四周或者与旁边的人窃窃私语，注意力变得散漫；

而另一方面，发表者自己也可能被听众的氛围或气势压倒，因而感到紧张。

针对这种情况，在对内容进行发表时不要毫无准备地去讨论听众比较敏感的话题，应该在规划阶段就做好准备，想好对策。

举个例子来说，如果要对公众说明一个有些难度的概念或者理论的话，可以分成几步，一步步地解释，这样可以让公众更容易地去理解。想要做到这样，就需要在设计 PPT 的时候就考虑到这些问题，把难点进行分解，并适当地利用动画去做解释。

与此同时，如果听众中有很多来自宗教或者特定团体的人，而发表内容中如果有哪怕一点点的有关这些宗教和团体的内容，都要特别小心地论述，千万不能有向任意一方偏斜的说明内容。这一点应该在战略设计的时候就考虑到，以避免不好的结果发生。

e. 针对女性观众的发表战略

如果听众中女性听众远远多于男性听众，还要尽可能做好对女性观众的发表战略。

一般来说，女性比男性更感性也更敏感，在感情的表达上也比男性更积极主动。这主要是因为观察并控制感性思考的人体器官是右脑，而女性的右脑比男性的更活跃。如果制定一个可以得到女性观众肯定和认同的发表战略，那么会对发表的成功有很大帮助。

例如，比起单纯的语言论述，尽量更多地使用联想，用讲故事的方法去激发听众的感性共鸣，这样也可以更深入更生动地对内容进行说明。用这样的方法可以使女性听众最先成为你的支持者，因此在进行战略设计时应该充分加以考虑和应用。

这种情况下，还需要避免的是把所有听众都视为男性展开论述，大男子主义者常常就会犯这样的错误。发表中也不要提那些无关紧要的有关男女有别、特别是男尊女卑的论点，因为有关性别的玩笑可能会让整个发表氛围突然冷下来。

f. 针对男性观众的发表战略

和上面所说的情况正好相反，如果听众中男性占大多数的话，这时就需要针对男性听众准备发表攻略了。

一般情况下，男性比女性在逻辑方面更敏感，或者说在逻辑性方面比女性要更积极主动。这是因为观察和处理逻辑事物的器官是左脑，而男性左脑的活跃性比女性更强一些。

在这样的情形下，如果在发表的时候出现逻辑上的自相矛盾，男性听众很容易立即发现，并做出敏感的反应。他们还可能会立即停止对发表内容的思考，认为发表者所说的“纯属胡扯”，并判定整个发表是一个不合逻辑的论述。他们甚至会立即想好反击的逻辑论述，准备质问发表者。但是，大多数多媒体发表的问答时间都被安排到发表结束，他们就只好把反击的论述放在脑海里反复整理，也就没有心思和动力去听发表者接下来的发表内容了。

正因为可能会发生这种情况，所以在说明重要的发表内容时，一定要把因果关系明确地展示给听众，并标明能够证明这些因果关系的资料和数据。如果有可能，在设计发表战略时应考虑到怎样才能尽量多地利用所收集资料中的统计数据做出图表，或者现实生活中的图片，从而保证能够做出一个包含合乎逻辑的概念和内容的 PPT。

比如说，比起一味的口头论述，可以采用逻辑性强的能够同时调动左脑和右脑的说明方法进行论述，或者运用讲故事的说明方法去激发听众的逻辑性思维。这样的方法可以使男性听众最先成为你的支持者，因此在进行战略设计时应该充分考虑和应用。

g. 针对老年观众的发表战略

在制定发表战略的时候还应该考虑到 60 岁以上的，或者是职位很高的人构成主力听众时的情况。这种情形下，应该以一个礼貌、尊敬的方式开始发表，实际上，就算从传统道德和人情世故上讲也应如此。对老年观众进行发表时，应自始至终彬彬有礼地以慎重的态度进行发表。脱离一点点东方的礼仪和人情味，也可能是多媒体发表中的大忌。

明确地确认发表内容中有实质性的发表点，不着边际的或者华而不实的内容应该在规划阶段就毫不犹豫地删掉，所有的说明和论述都应该从现实出发才能确保发表成功。因为大部分的老年听众都是相对比较保守的，对突如其来的变化不能很快接受，在做发表规划时应考虑到这一点。

此外，如果发表者以一种自以为是、洋洋自得的方式展开论述，可能会让老年听众觉得发表者目中无人，所以要特别注意避免。要知道，如果老年听众觉得自己被忽视被无视，那么紧接着这种感觉就会转变为愤怒。

h. 针对年轻观众的发表战略

与上一段对应，本小节讨论主力听众的年龄在 20 岁到 30 岁之间，或者大多数听众都是打工族的情况下，制定发表战略的时候应该考虑的要点。

年轻人的思维方式比起中年和老年人具有自由奔放、乐天、理想主义等特点，而且如果不是自己目前亟需的，那么年轻人对什么事都是不紧不慢、不愠不火的态度。

对于年轻听众，与其用形式化、中规中矩的方法进行说明，不如采用比较随意、轻松而且有节奏的方法更有效，也更容易被年轻人接受；所以在设计 PPT 内容时，对于一些原本可以用讲故事的方法去发表的内容，可以先收集到发表的内容里面，然后再考虑怎样用非形式化的、没有压力的发表方式去把它们放到 PPT 里并发表。

i. 针对一些对发表主题已经很熟悉的听众做好准备

这一节我们一起探讨一下当主力听众是如下几种情况的时候，该怎样设定发表战略。

（1）学历是本科或者研究生以上；（2）专业和发表内容在同一领域；（3）有 10 年以上的工作经历；（4）对发表主题的理解能力算是专业水平；（5）想了解的知识和发表主题有关；（6）关心的领域和发表主题有紧密关联；（7）不喜欢的事项和发表主题没有联系。

这些都是站在发表内容的核心区域，有着相对客观公正的判断力的听众。对这些听众进行说明的一个好方法就是逻辑性说明。在阐述核心内容时，对于那些能导出被说明内容的因果关系，一定要在设计 PPT 的时候清楚明确地展示出来。另外，为了能够让发表有逻辑性地展开，规划阶段应该本着逻辑性的原则有机地对内容进行编排，保证能够有理有据地说明和阐述。

j. 针对一些对发表主题比较生疏的听众做好准备

与前一节相反，如果主力听众是如下几种情况的时候，又该怎样设定发表战略呢?

（1）学历是高中毕业或更低；（2）专业和发表内容不是同一领域；（3）工作经历未满 10 年；（4）对发表主题基本不理解或只了解一点点；（5）想了解的知识和发表主题无关；（6）关心的领域和发表主题有紧密关联；（7）不喜欢的事项和发表主题有联系。

这些听众基本都是门外汉，他们不会直接或者间接地主导有关发表的事宜，只会在一旁观望或者只是漫无目的的坐在那儿听发表而已。

针对这类听众的发表说明方法，最主要的就是要保持发表的过程和内容轻松、有魅力，同时又要有些许的吸引力。只有这样，才能勾起这些听众的兴趣，让他们认真听发表。发表的开始部分也应该设计得有吸引力，安排一些能让听众兴奋的发表内容。

在规划阶段应该针对这类听众准备好对策，以避免让这些听众感觉整个多媒体发表和他们一点关系没有。如果不加注意的话，这些听众就可能对发表漠不关心，甚至烦躁，最终会在发表过程中昏昏欲睡。

针对这类人群，在阐述核心内容的时候，应尽量设计一些采用讲故事方式的比较容易理解的 PPT。特别要避免的是过多地使用一些专业词汇和缩写,即使有些烦琐和不方便,也应该一点一点地解释,完整地展现,表现出足够的亲切感,这样才可以勾起听众的兴趣,让他们认真地把发表听完。做足准备,记住“付出总有回报”这句话。

10.2 发表场地的信息

发表场地是决定一个多媒体发表成功与否的众多要素中的一个,是确保发表成功的一个必要条件。这是因为只有根据不同发表场地的条件做出相应的准备,才能创造出一个能让多媒体发表成功的环境。因此,要事先对多媒体发表的场所信息进行调查并掌握。

对发表场所进行调查以后,对掌握到的信息进行分析,并针对分析结果准备对策,这些工作都需要在规划阶段完成,才能保证多媒体发表的成功。

1. 调查发表场所的信息

a. 调查项目

在对发表场所进行调查之前应先考虑的一个重点是如何确定需要调查的项目。下面所列出的就是在确定调查项目的时候需要考虑的一些事项。

首先,确定为了能够制定对策而必须要选定的项目。因为调查对象是场所场地,所以要毫不犹豫地删除一些没有用处的项目。

其次,选定一些调查本身具有时效性的项目。准备调查的项目中因为各方面的原因,有些是可行的,有些是不可行的,在规划阶段应该仔细讨论,选定那些必须要调查的可行的项目。

[表 10.1] 的后半部分列出了针对发表场地需要调查的项目。在实际规划中可以根据实际情况适当地再增加或者减少一些项目。

如 [表 10.1] 中所列出的一样,对发表场所的调查项目大致可以分为位置、发表场地、设备和其他项目。下边我们就按照表中所列出的项目一一详细分析。

首先,对于“发表的场所位置”一项,应该调查并记录下一个很容易找到的地址。另外,根据“发表场所”的空间大小可以分为“小规模会议室”、“小规模培训室”、“教室”、“大讲堂”等规格,应对将要使用的发表场地对号入座后记录下来。

规划时在设计表中还应设计出能够记录所需发表设备有无情况的项目。“设备”包括PC/ 手提电脑、投影仪、无线话筒、别针式麦克、一般话筒、演讲台、遥控器、遮光用的窗帘等。这里所说的遥控器是近期开始普及的那种专门用于发表的多功能遥控器，它可以自动配合 PC 或手提电脑对 PPT 进行遥控翻页、控制音量、打出激光指示点等操作。

“其他”这个项目可以包括电脑中是否安装了相关发表软件、有没有需要用到的播放软件等。如果没有安装或者安装的软件和自己要使用的软件不兼容，就需要事先准备好对策，以避免到时候发生发表不能正常进行的事故。另外，如果没有安装需要用到的播放软件，就会出现视频不能正常播放的问题，所以这个也需要事先进行调查。

b. 调查方法

对发表场所的调查方法和对听众的调查方法一样，大致可以分为两种，需要根据实际情况细致并认真地调查。

（1）通过电话或者亲自访问的方式直接调查

和对听众信息的调查方法一样，对场所进行调查的方法中最常用的，也是最一般的方法就是通过电话询问，也就是通过给发表会议主办方负责人打电话或者发文件索要有关发表场所的信息。如果发表场地不是离得很远，不是在海外或者国内很远的地方，那么负责人亲自去访问并调查的话是最安全并且保险的方法。这时就可以带着 [表 10.1]，对其中有关发表场所的项目一项一项地进行询问并准确地记下调查结果。

（2）通过网络或者第三方进行间接调查

有些时候可能因为某些原因而不能对场地的信息进行直接调查，而且通过电话调查这个方法也不可行。这种时候就可以通过推测、网络搜索或者有关联的第三方对 [表 10.1] 中列出的有关听众和发表场地的调查项目进行间接调查并记录调查结果。

2. 对发表场所进行分析并准备对策

在准备多媒体发表的规划阶段，不管是通过电话或者亲自访问的直接调查，还是通过网络或者第三方的间接调查，重要的是要对掌握的信息进行分析，只有分析之后才能针对各个项目准备相应的对策。这才算是真正完成了规划过程中应该有的、针对发表场所的一系列应做事项。

如果确定了发表场所是小规模会议室、小规模培训室、教室或者大讲堂中的一个，就可以对调查情况进行分析并准备对策了。

如果发表场所是小规模会议室、小规模培训室或者教室，PPT 上的字体大小最少要设置到 18 以上。如果发表场所是可以容纳几百名听众的大讲堂，而且听众人数也达到了几百名，就要考虑坐在后排的听众能否听到和看到发表的内容了。如果也像小规模的发表场所一样，继续使用大小为 18 的文字，那么坐在后排的听众看 PPT 的时候就比较费力，就可能会给发表带来问题。因此，在有几百名听众的大讲堂做多媒体发表时，PPT 上的字体大小至少要设置到 25 以上。这就是说，如果发表场所是容纳数百名听众的，类似于大讲堂一样的场所，则应把 PPT 上的小字要换成大号的字体。这是个必须要确认的事项，调查这一项时必须同时考虑到听众数量。

如果调查到了发表主办方提供的设备中有无 PC/ 手提电脑、投影仪、无线话筒、别针式麦克、一般话筒、演讲台、遥控器、遮光用的窗帘等情况时，可以按照下面所说的内容进行分析和准备相应的对策。

在调查发表主办方提供的上述设备时，调查没有哪一种设备显得更为重要。比如，主办方如果不提供 PC 或者手提电脑，发表者就需要带上自己的手提电脑；所在场地如果没有投影仪，发表者就需要自己准备投影仪；如果没有无线话筒或者别针式麦克，就需要确认有线话筒的连接线长度，并告知发表现场设备负责人最好能提供连接线比较长的话筒。一般情况下，如果有线话筒连接线比较短，发表者在发表时就不能在演讲台上根据自己的发表需要任意地移动，也就是说发表者的动作和活动范围会受到话筒连接线的限制。

如果发表场所没有演讲台，就需要考虑手提电脑放在桌子上会产生的问题。如果没有遥控器，发表者就需要考虑是否需要自己带一个；如果不带，就要拜托别人帮忙控制 PC 或者手提电脑。如果没有遮光的窗帘，就要考虑可能需要关闭室内的灯光进行发表。

如果掌握了 PC 或者手提电脑中发表软件和播放软件的安装结果，就可以针对不同情况做出如下分析，并准备相应的对策。

万一没有安装所需要的发表软件，发表者就需要带上一个安装了所需发表软件的手提电脑去发表。如果主办方提供的电脑里没有安装所需要的播放软件，而发表材料中又有视频内容，发表者也需要带上一台已经安装了所需播放软件的手提电脑。

除此以外，对发表场所的照明设施也需要事先进行调查，一定要确认安装投影布的舞台周围光线最低能调到多暗。如果投影布周边光线太暗；发表者就无法和听众进行眼神交流，因此不能把光线调得太暗；但是，如果光线太亮，投影出的图像不仅显得模糊，而且色彩感也会降低，因此光线也不能调得过亮。在说明项目计划或者介绍新产品的时候，当产品的外观或者内部的颜色非常重要时，发表前也应该事先检查和调节一下亮度，以免发表时在这个方面发生问题。

因为这些原因，发表的当天最好能提前到发表场所进行最终的检查。如前面所说的，现场的电脑如果没有安装合适的发表软件或者播放软件，就需要检查发表者自带的手提电脑和投影仪是否可以连接并正常工作，还要连接自带的手提电脑和音箱，看看声音是否能正常播放。发表资料中通常都包含有音频或者视频，不提前检查，在发表时可能会产生听不到声音的问题。

既然在有些情况下还需要事先调试与话筒连接的音响系统，那么就还需考虑到发表前对话筒和音箱系统的调试。假如事先没有测试，在发表时发生了“临时紧急事故”，那么发表者就容易惊慌失措，导致整个发表失败。

不管在什么情况下，都尽量不要在对发表场所和设备没有进行事先检查的情况下就冒冒失失地做发表。最少需要提前 1 个半小时达到发表场地，反复细致地检查有关检查事项。

特别是现在交通状况越来越不好的情况下，发表者迟到的情况也越来越多，有的甚至发表时间过了人都还没到。如果是这样，你还能期待听众有什么好的反应呢？还能期待做一个成功的多媒体发表吗？就算对多媒体发表的其他方面都准备得天衣无缝，但是不能事先检查发表现场，或者比发表时间迟到几十分钟到场，那么还能有什么好的发表结果呢？

现场物语

就算事先对发表场所的有关信息进行了充分的调查、分析，并制定出了相应的对策，但如果在现场不能适应的话，就可能会产生一连串的致命失误。因此，提前去发表场所将是一个明智的决定。

笔者最近在包括韩国大德研究园区的国立研究机关、韩国科学技术院、建国大学、弘益大学、釜山大学等 30 多个机构做了邀请演讲，亲身体会就是：早得甚至有些“傻”地提前去发表场所是做多媒体发表最明智的方法。

第十一章

资料的收集与分析

如果仅仅把文字材料放到PPT里，然后就进行发表说明，这样的多媒体发表是不会成功的。与IT和互联网的高速发展一样，多媒体发表的方法和手段也在与时俱进；同时，参加发表会的听众的专业水平也在不断提高，他们不仅会回避充斥着文本及数值材料的发表，还会对普通的线图和图表不屑一顾，甚至普通的图片和照片也不能让他们有什么特别的反应；更有甚者，就连发表者精心准备的视频资料也可能只得到“差不多，还凑合”的表情反应。因此，作为多媒体发表时用的PPT资料，从内容到样式都要紧跟潮流，才能满足听众们日益提高的眼光。

由于这些原因，在规划和准备多媒体发表的过程中，“资料的收集和分析以及再加工”这一步也就成了决定发表能否成功的试金石，有着非常重要的意义。这一步，绝对不是一个可以掉以轻心的过程，从重要性来说，它不是一个可选项，而是必选项中的必选项。

“资料的收集和分析以及再加工”要以能抓住听众的心为目标，这一步就是整个计划的发动机。如果疏忽了这一点，那么准备发表材料就和抱着液化气罐子往火堆里跳没有什么区别了。

11.1 对资料的收集

多媒体发表的准备过程中，每个人都必须要做的工作就是在规划阶段收集相关资料，它的重要性已经在前面介绍了。希望大家不要误以为这步工作都应该以小组为单位进行准备，事实上个人也必须具备能独立完成这份工作的能力。

为什么要收集资料呢?

多媒体发表中的“资料”是指完成发表所需的“资材”及“燃料”。

即使对建筑物的设计方案已经接近完美，如果没有必要的资材也是无法开始着手建设的。同理，多媒体发表的规划工作再怎么完善，如果没有确保资料是足够的，还是无法开始PPT的制作。

这就如同再贵的轿车如果没有“燃料”也无法启动一样，如果没有足够的资料，就不可能进行多媒体发表。

1. 掌握听众的人力信息和需求

如果想通过多媒体发表向听众准确地传递信息，使他们能理解自己的意图，从而说服他们，就必须要准确地调查和掌握听众的信息和他们对这个发表的需求。这是《孙子兵法》中“知己知彼”在多媒体发表中的应用。

灵活运用之前第十章“收集和分析关于听众和发表场所的信息”[见表 10.1] 中的有关听众和场所的调查事项的示例，调查并掌握包括听众的信息在内的信息，以及他们“希望了解的内容”，然后通过对调查掌握的资料进行分析并制定出相应的对策。

具体地说，在对听众信息进行分析并制定对策时，要分别针对影响力大的听众、专业水平高的听众、细心并且多问的听众、年老或年轻的听众、女性或男性听众，对发表主题生疏和熟悉的听众等不同情况分别做出相应的发表策略。

以掌握的相关事项和制作的对策为基础去收集资料，有了这样的准备过程，就可以在调查资料时省时省力。

2. 资料的出处

在项目进行的过程中，大半的时间和精力可能都用在了收集材料上；同样，PPT 的企划及准备的过程也不例外，收集所需资料的过程需要极大的耐心与努力。

在多媒体发表时，为了加大对信息的传达力度，提高说明的可信度，只提供文字材料或者数值数据是不够的，尤其是加工后的数据资料，只有提高实用性，听众才会喜欢。人们总是不喜欢数据资料本身，而喜欢那些将数据资料加工，然后制作出的视觉化材料。

尽可能地确保多媒体发表的主题和细节内容中有符合内容的图表、图片和照片，包括可以激起人们好奇心的视频资料，当然也要对相关的理论、统计资料、图标等进行调查。

即使在执行项目的过程中已经生成了特定的资料，或者已经有准备好的资料，也不能满足于这些已经在手的东西，而应该在更为广泛的视野中从不同角度继续进行更深入的调查。

可以收集相关资料的地方有：企业内部客户、竞争对手、网络、图书馆、报纸甚至广播电视等各种各样的媒介。众所周知，这其中能获得最庞大、最多样化的资料的地方，就是互联网。互联网可以说是资料的宝库，是信息的海洋。

照片和视频资料可以从 Google、Baidu、Yahoo、Naver 等检索上进行调查和收集。这里需要注意的一点是，要确保在不侵犯版权的范围内进行收集利用。大部分情况下，能从互联网上免费下载到的影像资料是有限的，在那些要说明的内容是发表的核心内容的情况下，可以考虑使用有些网站的付费检索服务，最大限度地确保能收集到所需的资料。这样获得的资料虽然不是免费的，但比起因为那些虽然免费但是有限而且不够充分的资料所带来的损失，反而是更经济更可取的。

11.2 对资料的分析

在调查资料的过程中，可能会在不知不觉中收集到大量的资料，结果陷入资料的海洋中。

对于发表日程非常充分，即有充足的时间做准备的情况，或者是发表日程在一周或者半个月不到、时间比较仓促的情况，相对应的收集资料的方式也应该是不同的。

如果是后一种情况，因为在收集的过程中没有时间仔细研究收集的资料，所以在收集后应立即着手对资料进行分析，然后进行分类和储存。

如果是前一种情况，有足够的准备时间的话，明智的做法应该是将资料的收集工作分成几个阶段来进行。对一个阶段收集的资料要先进行分析，在下一阶段收集资料的时候应该在策略上反映出上一阶段的分析结果，相应调整下一阶段的调查方向。这种在收集过程中就进行检查及分析的做法，可以让收集资料的人集中精力，有明确方向地收集所需资料，避免出现堆砌“资料垃圾堆”的糟糕结果。

不管收集的资料有多少，如果不进行系统化的精确的分析，也无法成为有价值的重要资料。

我们要做的，首先是对填满电脑文件夹的收集资料逐一进行检查和分析，将那些与发表和说明内容有密切关系的资料拿出来，放入一个新的文件夹中。

当每个专案组的成员都对自己收集的资料进行了初步的分析，并存储在了一个新的文件夹以后，下一步该做些什么呢？答案是让所有成员坐在一起，对储存在新文件夹的资料重新进行分析并分类，从而确保最后能得到那些最有用的资料。

11.3 对材料的加工和归纳

经过收集和分析过程之后，资料被分类储存在不同文件夹里，这并不意味着可以立刻将收集的资料搬到 PPT 中就算完成了发表资料的制作。

如果想让资料和信息对听众来说具有可信度和说服力，还需要对所收集的资料和信息进行进一步的加工。这里的“加工”是指对资料和信息要点的归纳、整理。

对资料或者信息的要点进行归纳的时候，要从考察这些资料或信息相互之间的连接关系着手。同样，在整理加工资料和信息时，也要从它们之间的相互关系着手，另外还要考虑到它们与发表主题、发表目的和其他细节的内容是否相互吻合，这样加工出来的资料才能有生命力。

对于那些照片或视频之类的影像资料，如果按照收集来的状态直接去用的话，大多数情况下会显得有些别扭和不协调。因此，大部分的视频、照片都需要加工一下。

对于视频可以使用视频编辑软件删除那些不需要的部分，只保存需要的部分以备使用。

对照片的处理也是一样，对于里面不需要的部分可以将其截掉，还可以只截取照片中的需要部分，然后与其他的照片进行合成。需要的话，还可以截取照片中的某个细节部分进行放大。目前普遍都采用 Adobe Photoshop 和 PowerPoint 去完成对照片的加工和编辑工作。

第十二章

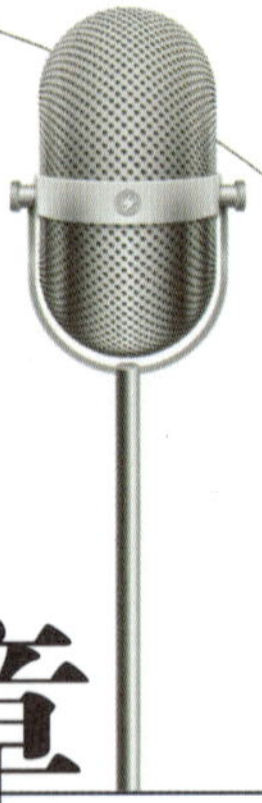

多媒体发表的成功攻略

12.1 向着成功出发的规划

1. 多媒体发表的核心不是制作完美的 PPT

大部分的多媒体发表者都有一个错误的认识：做出一个完美的 PPT 就代表着多媒体发表的成功。但是，一旦真的确定了多媒体发表的日程，就开始发愁了："怎么才能做出一个好的 PPT 呢？"这样的困惑源于多媒体发表与 PPT 的主客颠倒。多媒体发表的主体应该是要向听众传递的信息，也就是多媒体发表的核心内容，而 PPT 只不过是从视听化的角度出发的客体，是做好多媒体发表的辅助手段而已。

2. 用有创意的内容去确保多媒体发表的成功

真正能左右多媒体发表成功的，不是那些包含在 PPT 里的文字、线图、图表、照片和视频等辅助手段，而是发表者灵活利用这些辅助手段要去说明的内容以及在说明时使用的方法。

因此，要先使得构成主体的内容有创意，然后再去考虑如何使用作为客体的那些辅助手段。这样一连串的"创造"和"制作"，正是我们所说的规划。

3."先"创造内容，"后"制作 PPT

不管到哪里，制作 PPT 的工作都是等到创造出内容之后再进行的，这是因为 PPT 的制作只是一份技能性的工作而不是创造性的。但是，现实中大部分在为多媒体发表作准备的人却过分注重制作 PPT 的这个技能性工作，这一点明显是错误的，必须要更正。

4. 确保多媒体发表规划成功的好方法

那么怎样才能很好地针对多媒体发表做出一个成功的规划呢？

最先要做的就是规划如何向听众传递信息并说服听众的方法，以及相关的讲故事的策略。比起制作作为发表材料的 PPT，更应该先从战略的高度思考如何说明发表内容的具体方法。

这样制定的讲故事战略，可以在对绪论、本论和结论这样方法论的运用中，对发表内容进行规划。

要特别针对以什么样的方式开始发表和以什么样的方式结束发表制作出一个战略计划。这是因为要想充分发挥发表开场和结束两个环节的重要作用，发表者就需要对这两个环节做出战略性的准备，设计出尽量周全的对策。

12.2 讲故事的战略

1. 讲故事的定义

"多媒体发表"历来都被认为是"很生硬的东西"，或者是"工作业务上的事"。

事实也是这样，大部分的多媒体发表上呈现的内容，不是很生硬呆板，就是工作业务上一些东西的简单呈现，因此对这些内容的说明也就自然而然地变得腻烦，没有意思。

那么，要如何才能使多媒体发表变得不生硬，不腻烦，有意思呢?

问题的答案就是在多媒体发表时使用讲故事 (storytelling) 的方法。

如果把多媒体发表的内容配合着一些小故事进行说明，听的人更容易理解，说明的人也可以更有兴致地进行说明。这样把要说明的内容配合着小故事进行解说，让听的人更容易理解的说明方法就是讲故事方法，这种方法强调要用一些有趣的话语活灵活现地把信息传递给听众。

"讲故事"并不是什么伟大的、了不起的事情，只要用心，谁都可以很熟练的运用这个方法。"讲故事"这个概念，可能是因为是从英语直译过来的原因，可能让人觉得有些特别，实际上任何人只要稍微用点儿心都可以很轻松地活学活用。但是，现实生活中有很多人却因为受到顽固观念的影响，认为这种方法比较烦琐，因而就放弃了使用。

在韩国，很久以前就有一种叫做"口演童话"的东西，它是指将文字原原本本地通过说话来进行表演，专门把故事讲给小孩子听。在韩国的幼儿园里，这是必须有的课程，同时在有幼儿的家庭中，爸爸妈妈、爷爷奶奶也都能很熟练地给小孩子们讲这些"口演童话"。口演童话和讲故事的演绎方式很类似，不同点只不过是口演童话的故事内容在书本里，所以，其实人人都可以"讲故事"。

最近，在美国举办的发表会中，一个大趋势就是发表者普遍开始运用讲故事的手法对发表内容进行说明。

在美国，第一个运用讲故事的方法进行演说的人是 Doug Stevenson，他被认为是美国最高水平的演讲讲师兼专业的演讲教练。

在不采用 PPT 等具有视听效果的材料的演说和演讲中，发表者从一开始就盯着演讲文稿一行一行地读，声音一般也不够洪亮，听众可能从一开始就觉得厌烦，过不了多久就开始往窗外看或者变得瞌睡起来。

为了防止这种现象的发生，成功地完成演说或者演讲，一个好的方法就是在演说或者演讲时利用讲故事的方法进行解说。

但是，在韩国，到目前为止大多数的发表还是采用那种硬邦邦的业务报告式的方法对内容进行说明，现在应该是有所改变的时候了。

本书将 Doug Stevenson 在演说和演讲中的“讲故事法”移植并运用到多媒体发表中，希望大家可以从战略性的层面出发来理解和运用这个方法。

2. 讲故事法的必要性和重要性

运用讲故事法的多媒体发表有别于一般性的发表。一般性的发表都是以简单地将事实传达给听众的方式完成的，而运用讲故事法的多媒体发表就超越了这个简单的方式，它将事实用故事性的方式表达出来，从而完成对发表内容的说明。这种方式可以让听众更容易也更准确地理解发表内容，因而也就更容易说服听众，将多媒体发表的效果最大化。

运用讲故事方式的多媒体发表，不仅能让听众更容易理解所发表的内容，而且还具有可以让发表者和听众之间更容易形成情感交流和共识的巨大优点。

古往今来，东西南北，讲故事在人们日常生活中都一直扮演着一个不可或缺的角色。在日常生活中，每个人都喜欢听故事，这不需要什么特别的理由，因为人都是从小就伴随着听故事长大的。如果有人要讲故事给你听，就算水准不是很高，相信你也会一直等对方把故事讲完。

多媒体发表也一样，无论是高层次的科学理论，还是重要的项目计划，或者是有创意的新产品发表，如果能够采用讲故事法，谁都可以让听众更容易地沉浸到发表中来。听众会把他们以前的那些诸如多媒体发表的内容都很难、很生硬、让人厌烦等偏见抛诸脑后，饶有兴趣地聆听发表者的发表，一直到发表结束。这个时候，如果能够将故事内容融合到发表内容中的文字、图表、线图或者照片、图片中，整个讲故事法就更富有生机，从而给整个多媒体发表带来一缕清风，让那些简单的文字、图表、线图或者照片、图片都成为可以吸引听众兴趣，并为听众与发表者带来共识的出色的辅助手段。

也就是说，讲故事法是可以让听众更容易理解发表内容，让他们沉浸到发表中来的一种具有划时代意义的方法。

另外，在多媒体发表中，有些内容本身就是事实，现实情况大部分都是生硬的，没有什么趣味性的。对于同样的内容（事实和现实情况），如果能组织成故事的形式，传达给听众，将会带来积极的效果。为了让发表起到积极的效果，有时候甚至要使用一些出其不意的方法，比如说请一些意想不到的嘉宾登场。

问题在于，就算是为了发表能够达到积极的效果而去计划使用讲故事法，也要先了解人类的"根本需求"之后再进行合理的计划。

如 [图 12.1] 所示，我们人类的大脑是由左脑和右脑两部分构成的，这两部分都有自己各自擅长的功能。在图的左侧以红色系色彩出现的部分是左脑，在右边以蓝色系色彩出现的是右脑。

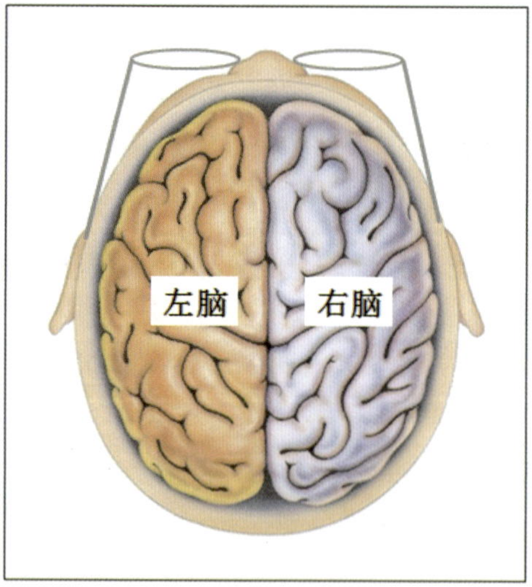

[图 12.1] 人类的左脑和右脑

研究结果表明，人类的左脑和右脑各自都有与对方不同的功能，这些功能相互补充，从而形成比其自身，甚至比两部分功能的简单相加之后还要高级的大脑功能。

[表 12.1] 中归纳了人类的左脑和右脑的功能。正如在这个表中所归纳的，左脑的功能包括逻辑性的思考、理论性的思考、模仿性的活动、规范性的行动、对语言和记号的

分析等，右脑的主要功能有感性思考、经验性的思考、视觉化的思考、创造性活动、分析图片和音乐等。

用一句话概括左右脑的代表性功能，那就是“左脑负责逻辑性思维，右脑负责感性思维”。

在多媒体发表中对内容进行说明的时候，如果过分倾向于那些生硬并让人腻烦的逻辑性说明，那么虽然听众的左脑逻辑思考功能被激活，但是作为辅助的右脑感性思维功能却不能够被充分调动，于是听众的右脑就开始从发表者的外貌、姿势、动作和言语等方面寻找缺点，然后经过感性的、经验的、视觉化的思考，最后抓住发表者在发表中的不足和毛病，逐渐开始觉得腻烦。最终的结果是，听众的右脑因为不能忍受这种腻烦的感受，开始指挥听众的身体和思想逃离多媒体发表。

[表 12.1] 人类左脑和右脑的功能

左脑的功能	右脑的功能
逻辑性的思考	感性思考
理论性的思考	经验性的思考
模仿性的活动	视觉化的思考
规范性的行动	创造性的活动
语言和记号的分析	图片和音乐的分析

与上面的情况相反，在说明的时候如果基本上没有逻辑性的内容，过分依赖发表者的外貌、姿势、行动和言语，听众左脑的逻辑思考功能就不能被调动，只能靠右脑的感性思考、经验性思考和视觉化思考去理解发表者的发表内容。

听众的左脑负责聆听发表者的说明内容和信息，而右脑负责观察发表者的姿势、表情和行动。右脑在观察发表者的身体语言之后还要感受和判断音色和音质的高低，继而思考发表者是否有足够的热情，判断其是否可信，对其是否满意等。

也就是说，如果想要获得听众的关心，在制作 PPT 的时候只使用那些可以调动听众左脑的文本资料是不够的，而同样，只调动听众的右脑也是不够的。能够同时调动左右脑的方法才是最好的，这就是为什么要在听众面前使用将事实和现实通过讲故事融合到 PPT 内容中发表的方法，因为这样可以使发表内容在听众面前随着故事情节的发展显得栩栩如生。最后的结果就是听众的左右脑功能同时被激活和利用，从而达到多媒体发表的最好效果。

让听众觉得厌烦的，一般都是那些只瞄准了听众的左脑，持续用普通的说明方式对发表内容进行说明的多媒体发表。这样的多媒体发表的发表者都有一个共同点，他们都认为利用 PowerPoint 做出完美的 PPT 材料，然后照着投影出的材料画面把文字读出来就算成功完成发表了。如果和他们说这些关于区分左脑和右脑之类的理论，不知道他们会不会认为是偏离或者超越了主题呢？

对于同样一个多媒体发表，比起照着投影出的画面内容读，采用像口演童话一样的方式去说明，可以更好地同时激发听众的左脑逻辑思维功能和右脑的感性思维功能。

另外，讲故事法其本质就包含了视觉和听觉之间的紧密关系。具体地说就是讲故事法既是一种利用发表者声音抑扬顿挫、说话速度、反复强调、瞬间停止等手段吸引听众的听觉，向听众传递信息的方式，同时也是一种利用面部表情、身体动作和手势等身体语言，吸引听众的视觉，向听众传递信息的方式。

综合起来说，讲故事法可以让生硬的、让人腻烦的多媒体发表变得有意思，能让听众兴奋并达成共识，是可以让发表脱胎换骨的一种方法。这是因为讲故事法在战略上拥有可以同时激活听众左脑和右脑的巨大力量。

从“讲故事”所能产生的效果来看，“讲故事”在多媒体发表中有着不可或缺的作用，这一点是没有必要再去强调了。希望大家可以记住这样一个事实：只有在多媒体发表的规划阶段的初期就战略性地考虑到使用讲故事法才能确保多媒体发表成功。

3. 怎样运用讲故事法？

在多媒体发表中到底该怎么运用讲故事法呢？

我们已经在前面多次强调了讲故事法对多媒体发表的重要性，无论是发表高手，还是对这个领域哪怕只有一点见识的人，都会异口同声地强调讲故事法的重要性。

但是，在现实中却很少见到有人针对如何在多媒体发表中运用讲故事法的具体方法做介绍，也就是说大家谁都知道它的重要性，却基本上没有人知道到底该如何使用。

因此，本书专门针对如何在多媒体发表中运用讲故事法做出说明，以方便大家在以后的发表中使用。

a. 在规划阶段就要战略性地写出剧本

多媒体发表中的“故事”不是即兴编排出来的。

在多媒体发表中，作为讲故事法运用对象的那些细节内容必须是发表的重要内容，正因为这些内容的重要性，才要进行战略性的设计，只有这样才能成功的完成发表。

正确的顺序应该是在多媒体发表的规划阶段就设计好故事剧本，然后在发表的过程中进行使用。如果之前没有准备好剧本，全靠在发表过程中的即兴发挥，则不仅不能达到讲故事法的效果，反而会导致冷场或者招来听众的误会，最后搞得发表者一脸狼狈。

只有使用事先编排好的“故事”，才能发挥“故事”的最大力量。在多媒体发表中，要想获得这样的最大效果，就需要在规划阶段就编排好剧本，然后适当地进行演练。只有事先做了适当的准备才能知道应该在什么时候提高声音，什么时候降低声调，什么时候用什么表情，什么时候配什么手势、身体动作等，这和讲好口演童话是一样的。要想运用讲故事法达到积极的效果，不管在什么情况下都不能寄希望于即兴发挥，一定要记住：提前就做好万无一失的准备。

b. 分段使用

在多媒体发表的时候，鉴于演说或演讲的特点，要编排一个贯穿发表所有内容的“故事”，不仅是不现实的，同时也是没有必要的。就算单从效果的层面来考虑，对多媒体发表内容的不同段落分别编排不同的“故事”也是更现实的，更可取的。

因此，需要针对多媒体发表细节内容的轻重程度分别进行考虑，然后选定重要内容，设计出能让听众容易理解的“故事”，这才是通向多媒体发表成功的正确之路。

c. 寻找合适的故事素材

在多媒体发表中运用讲故事法需要从选定细节内容开始，其基本标准就是要选定那些能给听众深刻印象，能让听众形成共识的细节内容。选定了重要的细节内容之后，为了能在这些内容的基础上编排出一个最适合的、最符合发表目的的“故事”，就需要寻找一些故事素材，这也是讲故事法中非常重要的一步。好的故事素材能让一个“故事”栩栩如生，不好的故事素材也能让一个“故事”死气沉沉。

根据选定的细节内容不同，故事素材的寻找方法也不一样。下面我们介绍几个一般性的准则：

首先，在具有现实性的基础上寻找那些能让每个人都产生共识的活生生的内容作为素材；

其次，寻找那些能让每个人一听到“故事”就可以产生共识的故事素材；

最后，寻找与发表内容领域相符合的素材。

d. 配合视觉化手段使用

多媒体发表中的“故事”必须天衣无缝，这样才能让听众容易并准确地接收到发表者所传递的信息。为了达到这个目的，最合理的方法就是将屏幕上投影出的 PPT 内容设计得有视觉效果，并以此为基础去完成对“故事”的叙述。

在这里还希望大家记住一点：听众对多媒体发表方法的喜好有不同的方向。比如，有的听众喜欢线图、照片和图表等视觉化处理后的材料，有的却喜欢单纯地聆听发表者讲“故事”。能够同时满足这两种听众要求的方法并不特殊，就是将线图、照片和图表等视觉化处理过后的材料通过投影仪投影到屏幕上，以投影出的画面为基础对“故事”进行叙述。

但是，在有些特殊情况下，没有办法对“故事”进行视觉化处理，比如爱情问题、公司内部的发表会上关于上司的小插曲等。另外，如果“故事”本身太长或者太具体，视觉化之后反而可能显得别扭或者显得轻浮。在这种情况下，可以只把文本内容投影到屏幕上，然后对“故事”进行展开讲述。这时需要留意的是，因为没有视觉化的材料做配合，从补充加强的角度出发，发表者需要发挥自己的口才和演技才能帮助发表走向成功。

e. 合理分配逻辑性素材和感性素材

为了能成功地完成多媒体发表，需要同时以人类的左脑和右脑为目标去对内容进行说明，这一点我们已经在前面的章节进行了论述。

这一点也同样适用于讲故事法，也就是说在编排剧本的时候要考虑到将能够激发人类左脑的逻辑性素材和激发右脑的感性素材混合起来使用。如果不这样做的话，比如只使用逻辑性的素材，整个“故事”就会变得生硬，也就失去了运用讲故事法的意义；相反，如果只使用感性材料，编排出来的“故事”就会显得没有深度，让人认为发表者的品味低，反而会让听众紧锁眉头，变得不耐烦。所以，要想编排出有活力的“故事”，就需要把逻辑性素材和感性素材合理地混合起来进行使用。

f. 像口演童话一样使用演技

在多媒体发表中运用讲故事法时，发表者的演技决定着发表的成功与失败。不管构成“故事”的素材如何合适，也不管对“故事”的编排有多么完美，如果发表者的演技不好，就没有办法完成一个有真实感的“故事”叙述，也就不能保证讲故事法的成功运用。

要想充分地发挥讲故事法的作用，发表者就要知道什么时候该抬高音量，什么时候该降低音量，什么时候用什么面部表情，使用什么手势、身体动作等肢体语言来配合“故事”情节的展开。然而，从对众多的多媒体发表调查的结果来看，大部分发表者在这点上的得分都非常低。

大多数的发表者都认为在多媒体发表中“讲故事”时，如果像口演童话一样使用演技会感觉非常别扭。这种错误的认识造成的原因都要归咎于教育方式，这是因为小学、初中和高中的教育方式都不是以发表为主，而是以灌输为主的。

不管是因为什么原因造成这样的心理障碍，每个发表者都必须清醒地认识到：运用讲故事法必须要有像口演童话那样活灵活现的演技。

在现代社会中，不管是公司还是学校，不分业务种类，也不管是什么专业领域，多媒体发表都在相互交流中扮演着重要的角色。这里所说的学校不局限于大学，还包括初中和高中，甚至小学，在所有这些地方，多媒体发表现在都已经基本上被普及了。

正因为多媒体发表并不是被限定在某个特定的业界或者领域中使用，如果对发表内容的说明只是局限在某个特定的业界或者领域，就不利于更多的听众去理解并形成共识。既然已经付出了努力，那就从多媒体发表已经世界化、共同化的角度出发，从更广泛的范围内选择更丰富的素材去说明发表内容吧！

说到多媒体发表，相信每个人都会想起苹果公司的前 CEO 乔布斯先生，他最近十几年的多媒体发表都是遵循着国际标准来完成的。下面我们把在他的发表中几个比较有代表性的运用讲故事法的实例拿出来共同研究一下。

[实例 1]

第一个实例来自于在 2005 年举办的 MacWorld 上乔布斯为 MP3 产品 iPod nano 做的新产品说明会。下面我们跟着 [图 12.2] 一步步地研究。

第一步，如 [图 12.2] 中 (1) 所示，乔布斯用投影屏幕上显示的“1,000 songs in your pocket”(装 1,000 首歌曲在你的口袋里)作为故事的开始来激发听众们的好奇心。在介绍作为 MP3 产品的 iPod nano 时，用了一个日常生活中每个人都会经常使用的内容作为开头，这就是一个表示故事要开始的信号。这样一来，就把听众推到了一个急切想知道“发表者到底要介绍什么？”的状态，使听众对发表内容产生强烈的好奇心。

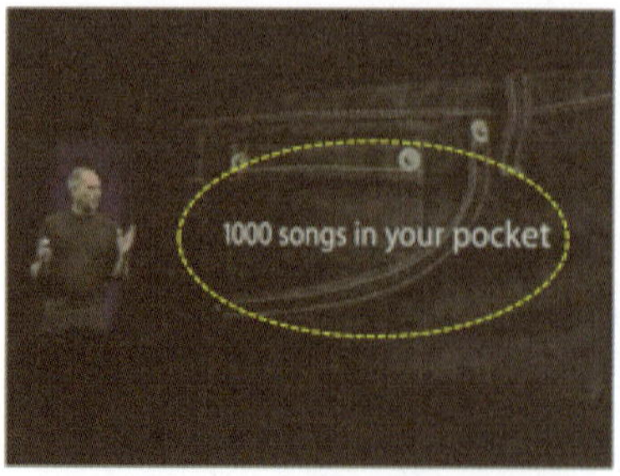

(1)

(2)

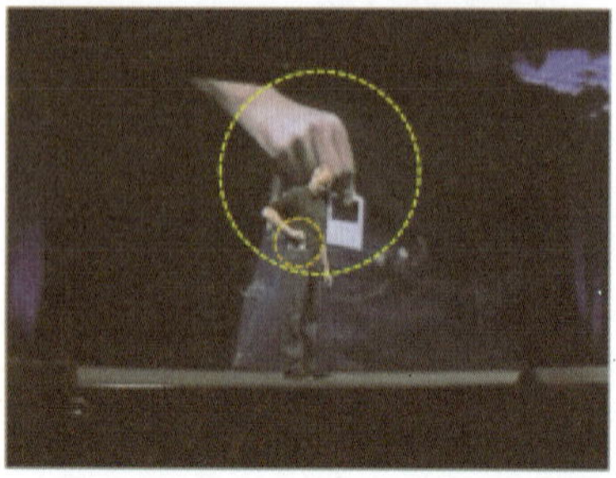

(3)

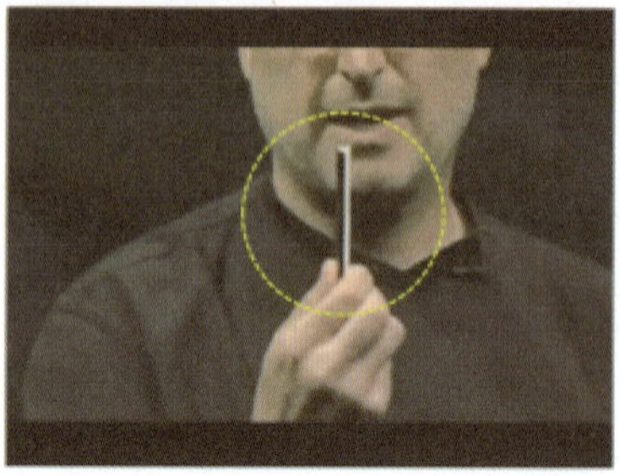

(4)

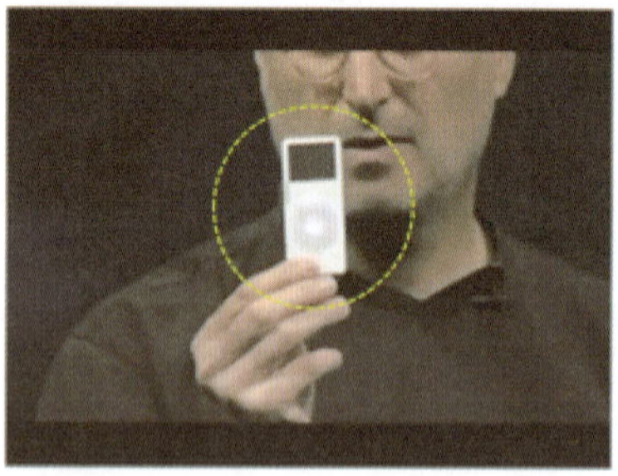

(5)

[图 12.2] 乔布斯在 iPod nano 的产品说明会上

第二步，在 [图 12.2] 的 (2) 中，乔布斯用一张显示着牛仔裤上硬币口袋的图片作为背景画面，把醒目地写着“iPod nano”的图像投影到了大屏幕上，这就意味着要慢慢开始向听众展开故事内容了。之所以要设计这样的场面，就是为了要进一步激发听众的好奇心。

第三步就是 [图 12.2] 的 (3) 中从牛仔裤的硬币口袋中掏出 iPod nano 的画面。这里需要指出的一个重要事项就是，为了能让坐在最后一排的听众也能清楚地看到画面，乔布斯特别安排了一个摄像机把掏出 iPod nano 的画面进行放大（参考 [图 12.2] 的 (3) 中黄色虚线圆圈标示出的部分）。这是因为 iPod nano 本身就很小，甚至连坐在前排的听众都不容易看清楚。事实上，这是乔布斯在事先演练发现这个问题之后，才专门安装了这个摄像头，然后将图像放大之后，再通过投影仪在屏幕上投影出画面。这个过程是经过周密细致的规划才完成的。实际上，这个场面也是整个发表的亮点，使用得恰到好处。当时现场的情况是，听众们一看到这个场面就都欢声高呼，乔布斯不用一言一语就在瞬间营造了这样的场面，实在是让人佩服。通过这样一张画面，连牛仔裤的大口袋都不是，而是一个硬币口袋，可想而知 iPod nano 有多小了，其他任何言语上的说明解释都显得多余。乔布斯编排出了这样一个“故事”，通过这个“故事”告诉听众：对于以大小和容量为基准的 MP3 产品来说，拿 iPod nano 和其他同类产品作比较没有任何意义。

第四步，用 [图 12.2] 的 (4)、(5) 分别展示了出从硬币口袋中掏出的 iPod nano 到底有多薄，外形上到底有多长多宽多小。把 iPod nano 放在嘴边，目的就是通过和自己的嘴的大小作比较，更真实具体地展示了 iPod nano 有多么薄，也就是用可以看到的事实来强调这样一个又小又薄的 MP3 产品。

☑ 总评及核心内容分析

[总评]

这个“故事”其实早在多媒体发表的规划阶段就已经被恰当地、战略性地编排好了。

在现实中，大部分电子产品的说明会上出现的多媒体发表都是生硬无趣的，这基本上已经是个常态了。究其原因，其实非常简单：那些发表都不是在“讲故事”，而只是一个传递事实真相的多媒体发表而已。

这个发表成功还有一个原因在于产品本身，也就是说产品本身还没被世人所熟悉，是个具有创新性的产品。但是，这个发表成功最根本的原因在于开门见山的说明策略。如果开始的时候就向听众介绍难以理解的数值和专业用语构成的产品规格，则不仅会让听众难理解，更不可能像“讲故事法”那样激起听众的好奇心。

乔布斯在对 iPod nano 进行说明的时候，事先就判断出一般人对“4GB(GigaByte)”这个数值可能会比较陌生，难以想象和理解，所以换成“将 1,000 首歌曲装入你的口袋 (1,000 songs in your pocket)”这样一个在日常生活中谁都可以理解的语句来描绘“故事”的主角，同时也可以激发听众的好奇心。

事实上，即使是计算机专业的人可能也没有具体想过“4GB”到底有多大，他们只知道GB是一个IT领域衡量电子数据多少的单位，1GB就是1024MB，也就是10亿7374万1824Byte，那么4GB就是4,096MB。对于4GB能装多少首歌这个问题，他们可能想都没想过，也就是说他们也只是大致明白4GB是个什么程度的数值概念而已。

正是因为这个原因，对于与IT领域无关的一般人来说，4GB就是一个完全陌生的专业词汇，因而乔布斯的“1,000首歌曲”即使对于计算机专业人士来说也是一个具有冲击性的新鲜概念。

乔布斯在这个运用“讲故事法”完成的多媒体发表上，最具有划时代意义的部分其实是对利用一个专门的摄像头放大从牛仔裤硬币口袋里掏出iPod nano这个动作场面的设计。也许可能会有人说这样一个设计其实是很平凡，没有什么了不起的，谁都可以想出来。事实上，在此之前，这绝对不是一个谁都可以想出来的平凡设计。只是因为他是乔布斯，所以才能设计并表演出这个场面，我们应该谦虚地承认并接受这个事实。

要知道，无论是发表者还是主办方，如果没有事先用充足的时间去规划和举办战略会议，是不会迸发出在发表场所安装另外一个电子摄像头，将两部分图像处理之后再投影到屏幕上这个念头的。

[“讲故事法”的核心内容分析]

让这个多媒体发表如此趣味十足、活灵活现的最大功臣就是“讲故事法”，而它的核心又可以归结为以下两个核心，正是这两个核心“故事”把乔布斯的多媒体发表引上了成功之路。

第一个核心就是[图12.2]的(1)中场面所示的，利用“将1,000首歌曲装入你的口袋(1,000 songs in your pocket)”这个一般人都能明白的妙语来开始“故事”，充分激发出了听众的好奇心。这是因为乔布斯事先就判断出如果使用“iPod nano的存储容量是4GB”这样的方式进行说明，大多数的人都不能具体理解“4G”是个什么概念，所以他从顾客的角度出发，设计了一个既能让顾客容易理解，又有趣味性的“故事”开头。这就是在这个发表中把乔布斯送上成功之路的第一块跳板。

正如[图12.2]的(3)中所示，第二个核心就是对利用一个专门的摄像头放大从牛仔裤硬币口袋里掏出iPod nano这个动作场面的设计。这个内容也同样是从顾客出发设计的，选择的这个“故事”素材是为了能让所有人都认同iPod nano的外形尺寸非常小的这个事实。现实生活中谁都知道牛仔裤的硬币口袋的尺寸非常小，因此乔布斯也就利用这一点进行“故事”的编排，制定出了能诱发出听众兴趣的这个战略。

特别值得一提的是，如果只是简单地把从牛仔裤硬币口袋里掏出 iPod nano 这个动作场面播放给听众看的话，就连前排的听众都有可能一时半会看不清是什么画面，因而觉得有些着急和郁闷，但是乔布斯利用一个专门的摄像头把细节放大再播放出来，效果就完全不一样了。这个场面可以说对整个多媒体发表起着决定性的作用。

总而言之，[图 12.2] 中的 (1) 和 (3) 所展示的场面是能让这个多媒体发表变得趣味十足，活灵活现的核心场面。

[实例 2]

第二个实例来自于乔布斯在 2008 年举办的 MacWorld 上对 MacBook Air 进行新产品发布会时的内容。下面我们利用 [图 12.3] 来一步步说明。

首先，[图 12.3] 的 (1) 中展示了乔布斯拿着一个装着 MacBook Air 的文件袋给听众看的“故事”开场画面，这个动作可以充分激发出听众的好奇心，表示故事即将开始。这样一来，就把听众推到了一个急切想知道“发表者到底要介绍什么？”的状态，使观众不得不对发表内容产生强烈的好奇心。

如 [图 12.3] 的 (2) 中所示，在接下来的一步中，乔布斯展示了一个从文件袋中拿出 MacBook Air 的场面。这里需要指出的一个重要事项就是，为了能让坐在最后一排的听众也能清楚地看到画面，乔布斯特别多安排了一个摄像机把掏出 MacBook Air 的画面放大之后再显示出来 (参考 [图 12.3] 的 (2) 中虚线圆圈标示出的部分)。这是因为 MacBook Air 本身就非常薄，甚至连坐在前排的听众都不容易看清楚。事实上这是在事先演练时发现了这个问题，才专门安装了这个摄像头，然后对图像进行包装之后再通过投影仪在屏幕上投影出画面，这整个过程都是经过周密细致的规划才完成的。实际上这个场面也是整个“讲故事法”的亮点，使用得恰到好处。当时在现场也是，听众们一看到这个场面就都欢声高呼，乔布斯不用一言一语就在瞬间营造了这样的场面，不得不让人佩服。

第三步，乔布斯通过 [图 12.3] 的 (3) 中场面向听众展示从文件袋中取出的 MacBook Air。这是为了进一步向听众强调 MacBook Air 是从文件袋中取出来的这个事实。

最后，在第四步中，他又通过 [图 12.3] 的 (4) 中场面向听众进一步展示了 MacBook Air 的确是非常薄的事实。

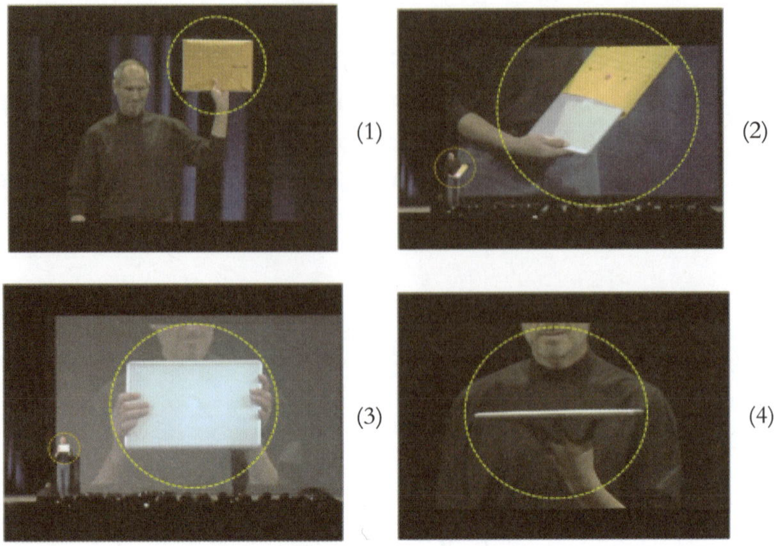

[图 12.3] 乔布斯在 MacBook Air 的产品说明会上

☑ 总评及核心内容分析

[总评]

这个“故事”其实早在多媒体发表的规划阶段就已经恰当地、战略性地编排好了。

在现实中，大部分电子产品的说明会上出现的多媒体发表，都是生硬并且没有意思的，这基本上已经是个定论了。究其失败的原因，其实非常简单：那些发表都不是“讲故事”，而是一个传递事实真相的多媒体发表而已。

还有一个失败的原因就是产品本身的原因，也就是说产品本身还没被世人熟悉，是个过于具有创新性的产品；但是最根本的原因是在刚开始说明的时候，就开门见山地以一些难以理解的数值和专业用语构成的产品规格为中心向听众进行介绍，这样不仅会让听众不容易理解，更不可能像“讲故事法”那样激起听众的好奇心。。

乔布斯在对 MacBook Air 进行说明的时候，事先就判断出一般人对厚度是几毫米这个数值可能会比较难以想象，没有真实感，因而改用了这样一个在日常生活中谁都可以理解和想象的方法，同时也可以激发出听众的好奇心。事实上如果直接说明这笔记本的厚度是几毫米的话，听众们对这个“几毫米”到底是多厚可能一时半会找不到参照物还真不好理解。

乔布斯在这个运用“讲故事法”完成的多媒体发表上最具有划时代意义的部分，其实是对利用一个专门的摄像头放大从文件袋中取出 MacBook Air 这个动作场面的设计。

[“讲故事法”的核心内容分析]

让这个多媒体发表如此趣味十足、活灵活现的最大功臣就是“讲故事法”，而它的核心其实只有一个，正是这个核心“故事”把乔布斯的多媒体发表引到了成功之路。

正如[图 12.3]的(2)中所示，这个核心就是对利用一个专门的摄像头放大从文件袋中取出 MacBook Air 这个动作场面的设计。这个内容也同样是从顾客感动的出发点设计出的“故事”编排战略，选择的这个“故事”素材是为了能让所有人都认同 MacBook Air 非常薄的这个事实。现实生活中谁都知道文件袋里的空间本身就非常薄，因此乔布斯也就利用这一点编排“故事”，制定出了能诱发出听众的兴趣的这个战略。

特别值得一提的是，如果只是简单地把从文件袋中取出 MacBook Air 这个动作场面播放给听众看的话，就连前排的听众都有可能一时半会看不清是什么画面，因而觉得有些着急郁闷，但是乔布斯利用一个专门的摄像头把细节放大之后再播放出来之后，效果就完全不一样了。这个场面可以说对整个多媒体发表中“讲故事法”起着决定性的作用。

总而言之，[图 12.3]的(2)所展示的场面是能让这个多媒体发表变得趣味十足、活灵活现的核心场面。

4. 使用情节串连图板

a. 什么是情节串连图板？

在多媒体发表的规划阶段制作发表 PPT 材料的时候，一般都先在一个白板上勾画出主要的文本、表格、线图、图表、照片和视频的草图，然后再对它们进行整理和安排，使其尽量符合所要设计的“故事”情节，这样的白板我们就称之为情节串联图版(Storyboard)。

在现实中，人们主要使用纸制笔记本或者文字处理软件制作情节串联图板，其中纸制笔记本使用得最多，因为人们可以用笔记本将脑海中转瞬即逝的想法很快地用铅笔写出来或者画出来，如果写错了或者画错了或者不满意的话还可以很容易地一笔就划掉，也就是说可以随心所欲地书写自己想到的内容。当然，随着科技的发展，现在的电子手写笔记本也是一个很好的选择。

情节串连图板最开始主要用在企划和设计电影、电视剧或者广告的过程中，最近才被引进到多媒体发表的规划阶段中，并很快就被广泛应用。

PowerPoint 有一个缺点就是不容易组织内容的前后关系，这样一来它在用于制作情节串连图板时就会有很多局限性，因而很少被使用，作者在这里推荐大家使用纸制或电子笔记本或者其他文字处理软件去制作情节串联图板。

b. 情节串连图板的作用

在多媒体发表的规划阶段，情节串连图板起着把想法变成一种具体的形态或者形状的重要作用，它可以用于在制作 PPT 时收集想法和意见，并上交给上司们审阅，防止在制作 PPT 的过程中发生问题，从而避免时间和人力的浪费。

c. 情节串连图板的应用案例

下面我们看一些以用情节串连图板做成的内容为基础制作 PPT 的实例。

[图 12.4] 是个制作情节串连图板的实例。为了能帮助大家更容易地理解如何制作情节串连图板，我们制作了这个实例，希望大家在学习的时候把注意力放在形式和方法上，而不要放在内容上。

[图 12.4] 所展示的是一个为了说明某个研究开发项目的提案书而制作的情节串连图板。在这个图中，(1) 是研究目标，(2) 是项目计划，(3) 是促进体系。因为这三个部分相互密切关联，它们被勾画在了同一页面上。

[图 12.4] 的 (1) 是研究目标的草图。正如图上所画的，为了要制作研究目标，在把三个大方块从左侧移到右侧的时候也就等于把目标的形状画出来了。这里需要留意的事项是：在画出三个大方块之后，要把对应的核心内容都分别放进去，最后再把和各个方块相关联的细节内容放进去就完成了 PPT 的草图。

接下来就是 [图 12.4] 的 (2) 所示的研究课题项目计划书的草图了。研究的项目计划和研究目标有着非常紧密的关联，这是因为项目计划就是为了实现研究目标，创造出研究成果而设计的，因此就像 [图 12.4] 的 (2) 所展现的一样，为了连接研究课题的项目计划书草图和 (1) 中的研究目标，就需要把它们放在一张情节串连图板上进行完成。

在 [图 12.4] 的 (3) 中展示了本研究课题促进体系的草图。促进体系是为了达成研究目标，成功执行项目计划而制定的，所以这三者之间互相都有着紧密的关系，也正因为如此，为了与 [图 12.4] 的 (1) 和 (2) 进行连接，促进体系的草图就按照 [图 12.4] 的 (3) 所展示的样子制作出来了。

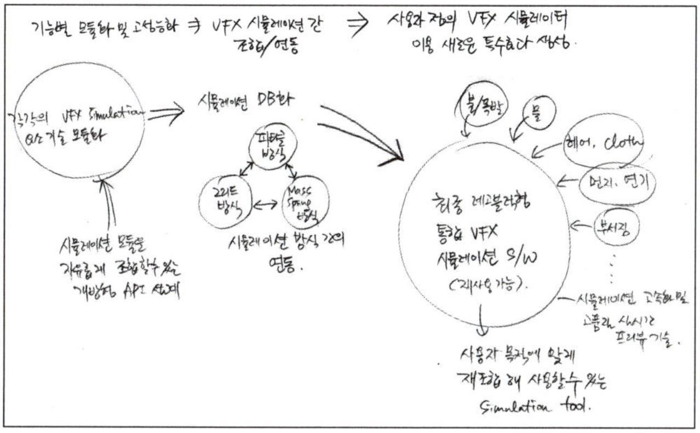

(1) 研究目标

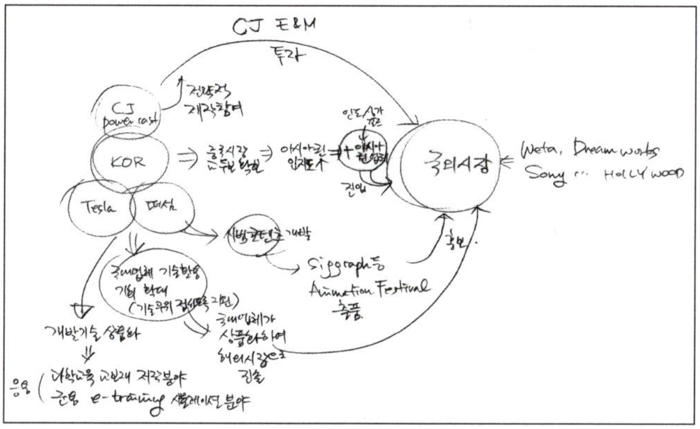

(2) 项目计划

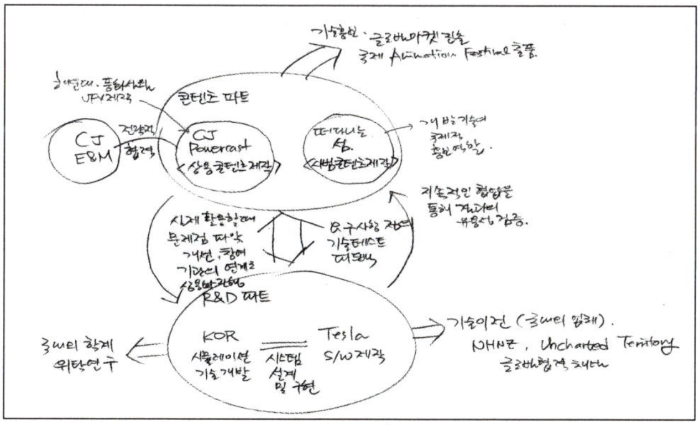

(3) 促进体系

[图 12.4] 情节串连图板的制作实例（原始图样）

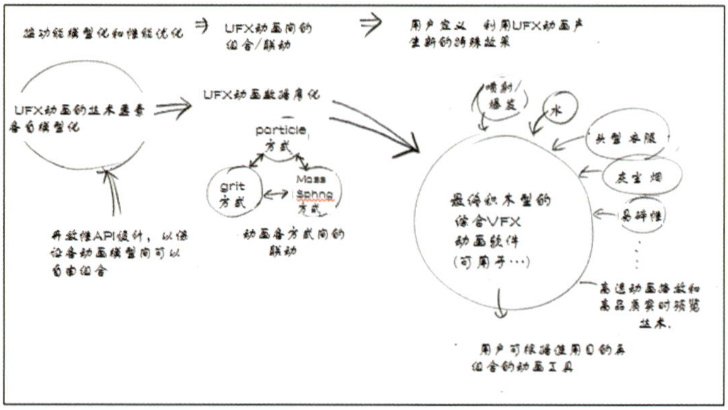

(1) 研究目标

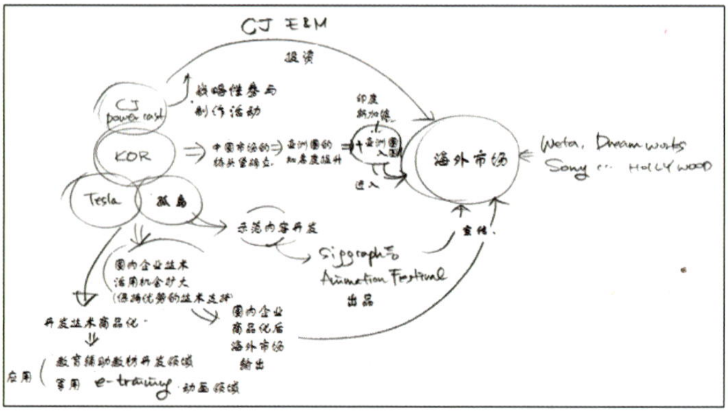

(2) 项目计划

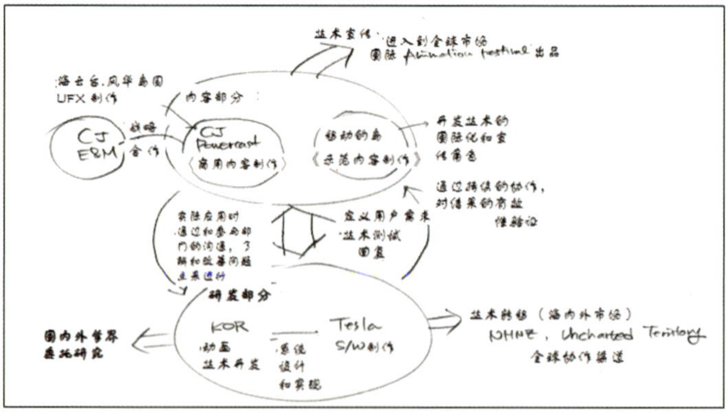

(3) 促进体系

[图 12.4] 情节串连图板的制作实例（中文翻译图样）

正如以上对三个草图的设计一样，三个草图都画在一张纸或者屏幕上，只有这样才能把脑海中闪现出的想法栩栩如生地写出来或者画出来。

在这个过程中有一点不需要太在意，那就是笔记不用太整齐好看，没有必要为了别人看着方便而去刻意地写得整齐好看，只需要注意“我的想法有没有被如实的画出来”和“有没有漏下什么”等问题就可以了。也就是说，只需要在保证能看懂的情况下用最快的速度去把草图画出来就行了。

如果利用 PowerPoint 去制作这三个草图，把每个草图放在不同的 PPT 页面上的话，则不仅整个工作是低效率的，而且三者的前后关系因连接问题也不好表现出来，因此我们更推荐使用纸质笔记本或者电子手写画板等工具。这就是情节串连图板的制作方法。

[图 12.5] 中向大家展示了利用已经制作成功的情节串连图板中的内容去制作 PPT 的实例。首先要拿着做成的情节串连图板的内容去收集意见，获得领导批准。

[图 12.5] 中就是利用情节串连图板中的内容而做成的 PPT，而这个情节串连图板是为了说明某个研究开发课题的提案书而事先制作的。

如果没有事先画好的草图就去做一张张的 PPT 页面，要想得到同样效果，就可能需要无数次的反复修改才能完成，会浪费大量的时间。

但是大多数准备多媒体发表的人都不用这种程序化的正常顺序去为发表作准备，他们要么是使用以前发表过的 PPT 文件，要么是用从别人那里得到的 PPT 文件，然后从修改这些文件开始工作；或者是用台式电脑或笔记本电脑，从一个空白的 PPT 文件开始去准备多媒体发表。这些习惯都应该从现在就改掉，跟着前面介绍的正常程序去做。

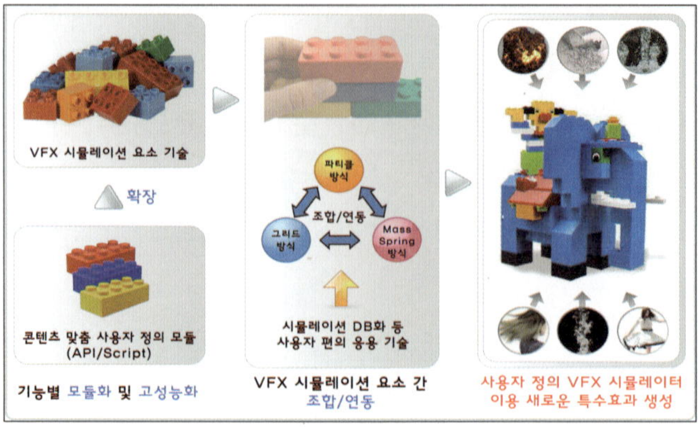

(1) 研究目标

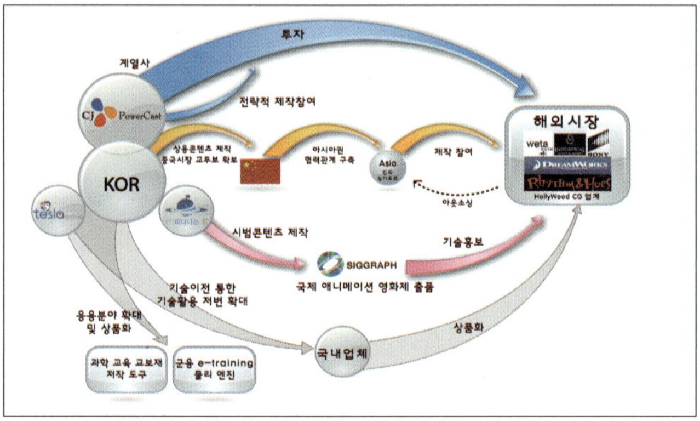

(2) 项目计划

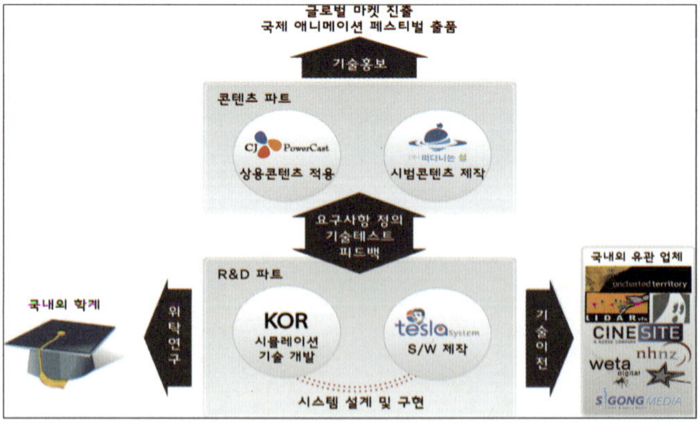

(3) 促进体系

[图 12.5] 利用情节串连图板做成的 PPT 实例（原始图样）

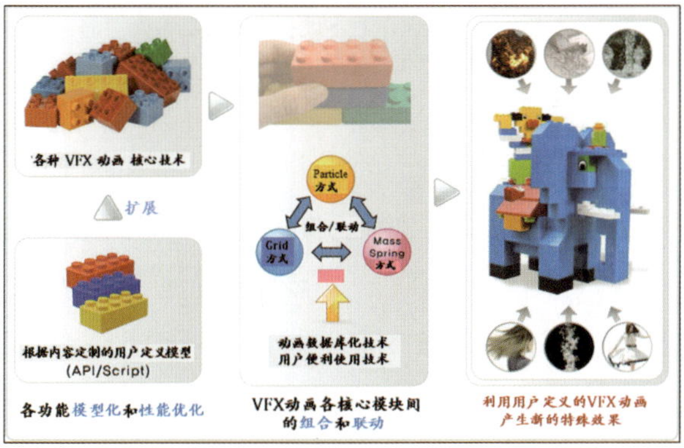

(1) 研究目标

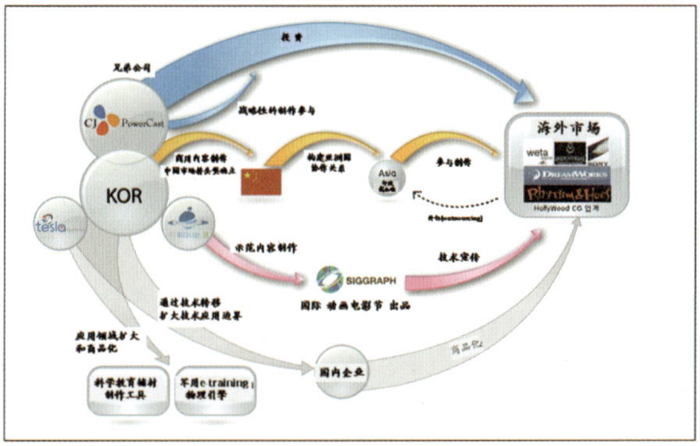

(2) 项目计划

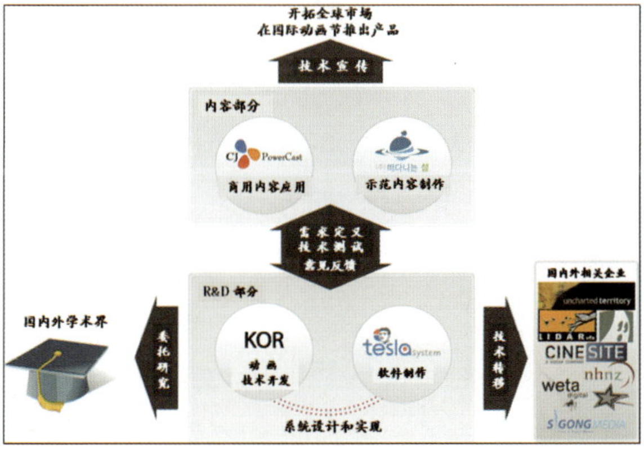

(3) 促进体系

[图 12.5] 利用情节串连图板做成的 PPT 实例（中文翻译图样）

12.3 针对绪论、本论和结论的攻略

前面已经叙述了怎样以通过规划建立的战略为基础去制作发表内容，在这个过程中，首先要选定重要的内容，编排“故事”情节，完成情节串连图板的制作。

通过这些过程完成的重要内容，最后还需要战略性地融合到绪论、本论和结论中，才能与听众形成共识，并将准备的信息传递给听众。要不断地修改和润色，直到能确保听众满意，征服听众。

[表 12.2] 中列出了在一般多媒体发表中采用的绪论、本论和结论这三个阶段。那么现在我们就一起来看看如何战略性地设计针对绪论、本论和结论的说明方法。

[表 12.2] 针对绪论、本论和结论的演讲攻略

绪论	问候语	简单的问候和发表者的自我介绍
	开场白	战略性地对主题、结论和主要内容进行简单的介绍
本论	全部内容	– 正式开始展开对逻辑性内容的说明 – 内容间的有机关系，保持统一性 – 展示多样的理由和证据
结论	要点整理	– 简单明了地归纳出本论中介绍的内容要点 – 为了说服听众，有的情况下可以让听众自己亲自试验
	结束语	战略性、激情的结束语

1. 绪论

在绪论中可以对听众进行简单的问候，设计一个让听众把注意力集中到发表者身上的开场白，并对整个多媒体发表的概要进行说明。

a. 凝聚听众的视线

在现实中经常遇到发表者刚上讲台就开始说话的情况，这其实是一种草率的行为。刚上讲台就开始发言，很容易带来失误，所以千万注意不要过于着急。

多媒体发表的时间虽然已经到了，但还是会有一部分听众没有转过神来，依旧在和旁边的人聊天，还有的听众正往发表场所走来或者刚坐下，如果在这种情况下就迫不及待地开始发表，很多听众都不能清楚地听到发表者的发言。

为了先集中听众的注意力，发表者不要一上讲台就开始发言，可以先等几秒钟，用视线在发表场地内扫几遍，观察一下听众。这样一来，整个发表场地就会在瞬间安静下来，形成一个肃静的氛围，听众的视线也会集中到发表者身上。

等到发表者确定听众的视线都已经集中到自己身上之后，就可以开始发言了。在多媒体发表的开场部分，不仅内容重要，而且开场的方法也很重要。

b. 问候语

多媒体发表的开场问候应该尽量简单。开场问候可以分为两种，一种是有主持人的时候，主持人对发表者进行介绍；另外一种就是没有主持人的时候，需要发表者自己去问候听众。

（1）有主持人的情况下

有主持人的时候，主持人会向听众致以问候并把发表者介绍给听众，在此之后发表者自己还可以简单地重复一两句，以作衔接。比如在主持人介绍完之后，发表者可以说："大家好，我就是刚才主持人介绍的，在韩国电子通信研究院工作的 Cho Maengsup。"

当然，除此之外还有很多种衔接方式。因为主持人已经向听众介绍了发表者，所以发表者自己就没有必要再重新介绍一遍，但是又要比较自然地从主持人那里把话题给接过来，所以，发表者简单地重复一下姓名和工作单位就可以了。

（2）没有主持人的情况下

如果没有主持人，那么发表者就要自己问候听众并作自我介绍了，比如说：

"见到大家很高兴，我是现代重工的总务 Cho Maengsup。"

"大家好！我是在三星电子工作的首席研究员 Cho Maengsup。"

"见到大家很高兴，我是在 LG 电子的显示器技术开发科工作了 20 年的技术开发部长 Cho Maengsup。"

"大家好，我是乐天建设的副社长 Cho Maengsup。"

"见到大家很高兴，我是在 SK 通信的通信技术开发部工作了 25 年的总务 Cho Maengsup。"

在没有主持人的情况下，因为事先没有人向听众介绍发表者，所以就需要发表者自己亲自向听众介绍自己的工作单位、职位、姓名。如果可以的话，还可以加上自己工作中负责的业务领域或专业。在多媒体发表中，没有必要过多地问候，因为这样弄不好会让听众觉得腻烦。不管在哪儿，并不是多说一些问候的话就能让听众对发表者另眼相看，就会对发表者有好印象，因为听众需要的还是精彩的多媒体发表内容。

有很多发表者在一开始的时候会提及天气很好、交通状况很糟糕、很感谢能给我机会站在这里发表等与发表主题无关的话题，但这些其实都不是听众想听的。

问候语既要简短，还要直接。准备好的问候语，在一开始的时候就要单刀直入地说出来，不要拐弯抹角。希望大家记住问候语越简短就越有效果这个事实。

c. 开场白

（1）开场白的定义及重要性

紧接着问候语的就是正式开始多媒体发表的开场白 (opening)。

在问候结束之后的第一句话，也就是开场白，对于多媒体发表来说是很重要的。其重要性就算强调之后再反复强调也不为过，因为它甚至可以影响到整个多媒体发表的成功与失败。因此在规划阶段就应该制定好针对如何做好开场白的方针，并慎重地准备好对策，但是，现实中大多数发表者却认为开场白没什么大不了的，随随便便地就开始了发表，因而得不到听众的呼应，显得非常狼狈。

（2）在开场白中就提前介绍结论

在向听众作开场白的时候，发表者从一开始就要充满自信、热情和亲切感，用充沛的能量去开始一个栩栩如生的多媒体发表；反之，发表者如果像缺乏营养一样做软弱无力的开场白，不仅不会让听众产生积极的反应，甚至都不能让听众把注意力集中到自己身上。

不够强烈的开场白，或者没有什么魅力的开场白，不仅不能激发听众积极参与的兴趣，而且会导致整个多媒体发表过程都进行得不顺利。

如果在开场白中对多媒体发表的主题、背景、结论进行简略的说明，就有助于使听众集中注意力，激发听众对发表的兴趣。这里需要留意的一点是，为了能让听众与自己形成共识，发表者视线要平均地分配给听众，充分调动面部表情、手势、身体动作等身体语言去让听众睁大眼睛，吸引他们的注意力，用一个活力四射充满能量的开场白，带给听众一种新鲜的冲击感。只有这样，多媒体发表才能够成功。总而言之，发表者就想着要把自己 80% 的能量都用在开场白上就对了。

在开场白中把结论提前介绍给听众，然后在本论中做具体介绍，最后在结论部分再一次对结论进行强调，使用这种发表方式是一种更富有战略性并且明智的方法。

（3）事先周密详细地准备好开场白内容

最好能明确地记住，你所发表或者说明的内容一定要能给听众有所帮助，才能让听众把注意力集中到发表者身上。发表者只有能让听众确信自己可以从发表中得到巨大的收益，听众才能敞开心扉，积极地参与到发表中来。

正因为这个原因，开场白中要说的话必须在规划阶段就事先准备好，并且要完全消化，才能在开场的时候保持自信，才能用平静的心态，充满热情地开始发表，这点希望大家能够铭记在心。

对于那些没有周密详细地准备好开场白的发表者来说，他们在发表时基本上都会过多地翻来覆去地说一些没有必要的话，稍有不慎还可能会跑题，最终不仅开场白没说好，还会导致整个发表的失败。

（4）向听众提出问题

另外，为了获得听众的关注，可以以发表的核心内容或者与核心内容有关的内容为基础设计出几个问题，面向全体听众提问，使听众去思考问题，创造一个能使听众更加主动地参与发表的契机，这个方法对于多媒体发表来说具有战略重要性，希望大家记住并灵活利用。

（5）在开场白中没有必要介绍发表目录

在大企业、政府、公共事业单位、研究机构等地方举行的多媒体发表会议中，经常看见有发表者在发表开场的时候先对发表目录一个一个地介绍。这些发表者可能是不清楚开场白的重要性，或者是没有战略性地考虑开场的方法。正确的做法是，不要在开场白中对发表目录做介绍。开场白的时间很短，所以应该尽量安排一些有价值的内容，也因此需要事先进行战略性的设计。

（6）千万不要用这些话做开场白

下面是一些在开场中禁止使用的话语。这些没有丝毫用处的话很有可能会对发表带来不好的影响，发表者稍微用一些心就可以避免讲这些话，所以希望大家牢牢记住。下面这些例子，大家可以在实践中参考。

- 虽然我知道我资格不够，但是我还是为我能站到这里而感到很高兴。（没意义的谦虚）
- 在这个领域我的知识水平还很有限，但是……（没意义的谦虚）
- （自己虽然不是很想说）因为受命于领导……

- 就算我的说明没有意思，让人觉得腻烦，但是还是希望大家能够赏个面子听下去。
- 我原本就是内向的性格，所以在大家面前说话时会感到有些紧张害怕……(没意义的借口)
- 因为一直在理工专业学习/工作，所以口才不好……(没必要的说明)
- (实际上自己准备了很多)因为时间不够,所以准备得不够充实……(没意义的谦虚)
- 说些宗教或者性别方面的没意义的笑话。(没必要的说明)

不管在什么情况下，在开场白中都尽量不要说像上面列出的话，希望大家记住，这些话都是有百害而无一利的。

（7）指出问答的时间和进行方式

最后，在开场白的结束部分应该明确指出问答的时间和进行的方式。最合理的问答时间应该是在发表和说明的结论部分完成之后。如果在兴致勃勃地发表本论或者结论的过程中，遇到听众突然发问的话，就可能会破坏整个发表的良好气氛，因此最好的方法就是在开场白要结束时，明确地向听众指明问答时间是在完成结论部分之后。

（8）不要事先向听众发放发表材料的打印件

有些发表者喜欢在发表开始之前，把发表材料或相关材料的打印件发给听众，这种做法是不推荐的。如果事先发放了打印件，那么听众的注意力就可能被分散，不能集中精力听发表者的说明，导致整个发表的失败。因此，明智的做法就是不要事先向听众发放发表材料的打印件。

2. 本论

a. 保持论点的一致性进行说明

因为本论部分包含了发表核心内容，所以它对于整个多媒体发表是至关重要的。前面在开场部分已经向听众介绍了多媒体发表的主题甚至结论，听众也已经大致掌握了发表的大体内容，因此在论述本论部分的时候，要考虑到本论内容的系统化及其前后关系的连接，在保持论点一致的情况下进行说明。

b. 在考虑各论点之间关系的同时进行说明

如果要发表的论点和话题分为几种类型分散存在，就需要在规划阶段寻找并总结出论点间的关系，把各个论点之间的关系明确地系统化，尽量总结出一个能广泛包含所有论点的主题。只有这样以系统化之后的主题为基础进行的说明，才能让听众认同发表的逻辑性，并与发表者产生共识，使整个发表一步一步地按照发表者的意愿进行下去。

c. 论点要简单，发表说明要有实质性

以研究开发成果、新产品的介绍或者项目计划等内容为主题的多媒体发表，论点应该限制在一个，并且要简单明了，这样才会受到听众的欢迎，给发表带来好的效果。

此外，本论是多媒体发表的核心部分。在对构成本论的主要话题进行逻辑性论证，或者从实质性的应用层面上展开说明的时候，如果没有自信心，缺乏逻辑性，自相矛盾，那么整个发表是不会成功的。简单地说，既然在绪论的时候已经把听众的好奇心和对发表的兴趣引导出来了，那么在真正要去说服听众，进行本论说明的时候，发表者就应该用逻辑性和实质性去展开。

d. 展开说明时注意保持整体内容的统一性

在展开对多媒体发表内容的说明时，要保持发表内容的整体统一性。对符合主题的话题的说明应有轻有重，针对不同话题的说明应有多有少，还要注意不要删掉了某些特定的内容，所有这些内容都要合理地进行分配，让内容从整体上看起来比较合理。

相比其他的内容，如果针对某个特定的内容进行过多的说明，耗费了过多的时间，整个说明的平衡就会被打破，从而导致整个发表显得有些别扭，希望大家在发表时留意这一点。

在本论中，最应该注意的一个事项就是说明不要缺乏逻辑性，不要脱离主题。在针对某个事项进行持续说明时，发表者如果一不小心陶醉在自己的说明里，就很容易脱离主题，随着时间不知不觉的逝去，发表者就陷入了浪费时间浪费精力的泥潭中。

e. 从听众的角度出发，说一些听众想知道的内容

要想让听众产生共鸣，与自己形成共识，让多媒体发表向着自己希望的方向进行，发表者就要注意不能只是站在自己的立场说一些自己想说的内容，而要从听众的立场出发，说一些听众想听到的内容。这时需要注意的是，应把要说明的内容润色到一个合理的“故事”情节中向听众叙述，而且这个“故事”情节要与听众的眼光和理解力相符合，让即使是外行的人也比较容易理解才行。

再强调一次，对于那些听众想知道但又比较难理解的内容，发表者需要事先用一些简单的逻辑去分解它，然后再去说明给听众听。发表者应该有这样的雅量和胸怀。

3. 结论

对于结论部分，其实已经在绪论的开场部分进行过战略性的介绍，这里只需要整理一下本论部分已经逻辑性地进行了说明的内容和开场部分已经介绍的结论，归纳出要点，再用发表者强烈的感性去完成一个激情四溢的结束部分。

a. 整理和归纳要点

在多媒体发表的结论阶段，需要整理本论部分已经逻辑性地说明了的内容和开场部分已经介绍的结论，归纳出一些简单明了的要点。

另外，对于那些以说服听众为目的的多媒体发表，发表者还可以在结论的最后部分慎重地邀请听众去做一些发表者希望听众去做的活动。

把绪论中已经简单介绍的，又在本论中说明和介绍过的主张和论点总结起来，进行最后介绍的步骤就是结论部分。在这个阶段，听众会对发表者的说明和主张进行最后的思考和判断，决定是赞成还是反对。因此，发表者在结论部分应该用更充满感性，更有质感的“讲故事法”去明确地表达自己的主张和要点。

在最后的要点归纳阶段，也是发表者最后一次有机会去传递自己准备好的信息，所以要充分利用好这个阶段。为了能有个好的表现，发表者应该再一次用充满能量和自信、亲和力的说明去征服听众。

此外，在多媒体发表的最后过程中必须要遵守的事项就是一贯性。必须和前面已经说明的主张保持一贯性。

对结论部分，发表者不能一带而过，也不能再追加一些本论中没有提及的论点和内容。

最后，必须要遵守的一条就是一定要在规定的时间内完成多媒体发表。不管是谁都不喜欢听那种没话找话、拖拖拉拉的发表，因此在规划阶段中就应该针对发表时间进行演练，设计出一个能在规定时间内结束发表的战略。不管在什么情况下，遵守时间都是必须要做到的一个事项。

b. 结束

上面所说的要点整理和归纳告一段落之后，紧接着就是在结束部分的说明了。

在结束部分，发表者要用富有强烈感性的发表方式，对开场部分已经介绍过的结论再次进行介绍，让听众记忆深刻，这是多媒体发表成功的一个捷径。如果结束部分的发表完全靠即兴，那么稍微不慎就会有失误，所以要像开场部分一样，在规划阶段就设计好结束部分的内容，准备好 PPT 和原稿。

结束部分的内容要从听众的心理上进行考虑，要能激发听众的感性思考，只有这样才能让发表走向成功。因此，对于结束阶段发表内容的设计和准备要具有战略性，要确保能与开场部分已经介绍过的内容进行首尾呼应，能让听众再次回想起开场内容。

此外，不管在哪儿做发表，结束部分的内容都要简单明了。因为是概要性的内容，所以要简略地设计，而且要用正规的陈述句型慎重地对结束部分的内容进行说明，以确保准确有效地传递准备好的内容。

精彩并让人感动的结束内容是整个多媒体发表最重要的战略点，是可以给听众留下深刻印象的重要部分，希望大家能记住这一点。

12.4 时间分配攻略

对于那些参加发表的听众来说，在规定的发表时间内他们中的大多数都是一动不动地坐在那里，所能看见的也就是发表者、屏幕还有和自己一样坐在那里的其他听众，所能听到的也仅是发表者的声音和其他电脑或者笔记本发出的一些声音而已。

所以听众的行动也就有两种可能，要么集中精力地听发表者的说明，要么心不在焉地听一会之后昏昏欲睡。

在这种闷闷的、让人感觉到烦躁的情况下，即使稍微有一点不平常的事情，人们都会很敏感，所以听众也会对发表者的一举一动做出敏感的反应。

如果发表者为了说明一个想传递的信息，在发表时间已经结束了的情况下还喋喋不休地说个不停的话，听众的反应自然不会好，只是憋在心里不说而已。

考虑到这些情况，在发表时间的分配上应该考虑到打开那些“包裹”型的内容所需要的说明时间，也就是要分配好打开绪论、本论和结论的这些“包裹”，一个一个地说明所需要的时间。

问题在于，如何才能适当地分配好时间呢？

对于发表内容各个部分的时间分配是很重要的，而难点在于如何给每个部分分配时间，如何分配才算是合理的？下面我们从几个例子出发来看看合理分配时间的方法。

比如在开场时，如果说明时间过长，可能会收到听众“从一开始话就太多”的不满；而如果结论部分的时间太短的话，听众可能会说：“感觉像少了什么一样，结论是不是太短了？”

还有些发表者在某些没必要详细说明的地方耽误过多时间，结果导致在结尾部分时间不够，或者对本论部分的重要部分没有充分的时间说明，甚至在最后结论部分因为时间原因没来得及说明就走下演讲台了。这样“可怜的”发表者们都是因为在规划阶段没有针对发表时间进行分配，或者分配好了而演练不够，没有彻底消化所有发表内容才产生这样不好的结局。

在日常生活中，我们经常遇到这样的情况：说话的人过于陶醉在自己的话题中，或者说着说着就说到别的话题上去了，说了半天之后突然发现自己都不知道说到哪儿了。

这种情况在多媒体发表的时候也经常发生。为了防止这样的情况发生，让听众有比较好的反应，在规划的初期阶段就应该针对发表的特性和目的慎重地分配好时间。

多媒体发表中最重要的部分就是刚开始时的绪论部分。这部分包含着开场白，是非常重要并值得强调的。对于这部分，Steve Jobs，Tom Peters 和 Bill Gates 等发表名家也不敢掉以轻心，每次都是非常慎重并且非常具有战略性地设计和执行。

发表者在发表开始 5 分钟之内，就应该要把听众的注意力吸引到自己的发表中来，要能让听众睁大眼睛，对发表者和发表内容产生最大的兴趣。为了达到这样的效果，在规划阶段就应该对此做好适当的准备，但是也不能过长，绪论部分过长的话反而会起到反效果。

此外，结论部分也很重要。虽然没有绪论那么重要，但是从它能总结整个发表的作用的角度来说，还是非常重要的。

结论部分也包含着结束这个重要的环节。这个部分对本论部分中已经说明的内容进行整理、归纳，并且对于应该强调的内容进行再次强调。另外，发表者千万不能忽略的一点，就是可以在结论部分通过互动去确认听众对自己所传递的信息是否真的被理解和接受了，最后再通过问答成功地完成整个发表，因此整个结论部分过长或者过短都不合适。

下面就是一个针对各个部分进行时间分配的例子。正如前面所说，时间分配的战略会因为多媒体发表的特性和目的的不同而不同，不能一概而论。

[表 12.3] 时间分配实例

区分	说明内容	时间分配	备注
绪论	目标，概要，动机	10 分钟	突出目标和结论的重点， 把听众的注意力集中到发表动机上
本论	核心内容，主要蓝图和信息	35 分钟	
结论	要点整理，最终信息，互动	15 分钟	再次重复说明目标， 强调对核心内容的归纳要点

[表 12.3] 是一个对总时间为 60 分钟的多媒体发表进行的时间分配。如表中所列出的，发表者分别为绪论、本论和结论部分分配了 10 分钟、35 分钟和 15 分钟的发表时间。

最近多媒体发表的模式稍微有些变化，从一直以来的“绪论 → 本论 → 结论”这种正正规规的顺序慢慢变成 [表 12.3] 中的“备注”里所介绍的那样，一开始就在绪论中把结论拿出来说明，朝着“结论→ 本论→ 结论”的发表方式变化，因此随着开场把结论和目标一起介绍出来，绪论本身也就等于没有了，变成了结论。

之所以产生这种趋势是有多种原因的，其中最根本的原因就在于多媒体发表的根本目的。 特别是在经济领域中，往往需要发表者孤注一掷，从一开始就单刀直入，富有非常强烈的热情去切入主题才能达成目的。

换句话说就是，大家都受一个强烈的观念驱动着，这个观念就是：在多媒体发表的开始阶段如果不能牢牢地抓住听众的注意力就很难成功。因此，对于上面例子中被分配了 10 分钟时间的绪论部分，现在更倾向于只花 5 分钟在开始部分对重点进行介绍，然后在最后结束的时候再重新强调。这个发表模式最近越来越多地被美国或者英国的发表者所采用，这可能也从一个方面反映出这个世界变得越来越快节奏的现实。

下面我们再针对本论和结论部分的主要内容讨论一下时间分配的战略事项。前面已经对各个部分进行了总体的时间分配，这时就需要发表者先针对各个部分主要内容的重要度和需要说明的分量进行考虑和分析，然后再确定具体说明时间。当然，这里还要考虑到发表的目的和目标，战略性地判断哪些细节内容最有影响力，然后针对其对目的和目标的影响力进行时间的分配。

下面的 [图 12.6] 就是一个时间分配的例子。

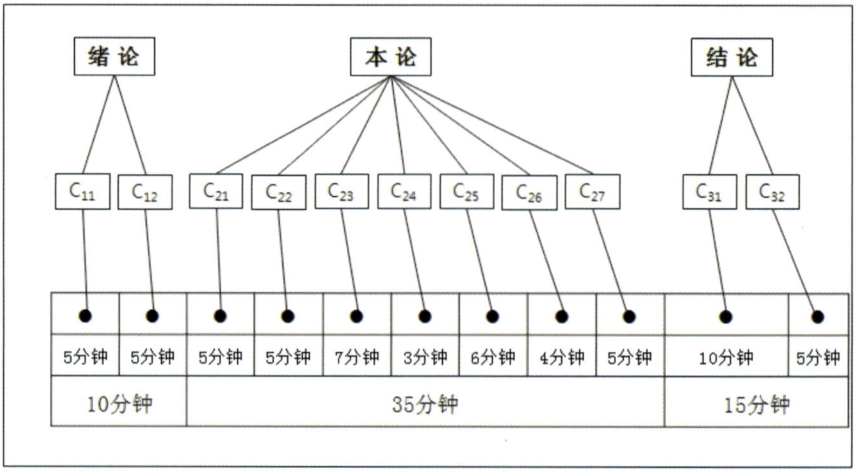

[图 12.6] 时间分配的实例

在 [图 12.6] 中，绪论有两个要说明的内容，本论有 7 个，结论也是只有两个要说明的内容。

对于绪论中的 C11 和 C12 分别分配 5 分钟，本论中的 C21 和 C22 也是各 5 分钟，对 C23 分配 7 分钟，C24 分配 3 分钟，C25 分配 6 分钟，C26 分配 4 分钟，C27 分配 5 分钟。结论部分的 C31 和 C32 各分配 5 分钟。

这里，C11，C12，…，C32 是指各个部分中的相互不同的内容块，这些内容块所占 PPT 的页面少则一张，多则可以达到五、六张以上。

像这样分配了时间以后，发表者就需要在专案组成员前面做发表演练，对各个分配了时间的说明内容进行确认，检查所分配的时间是否合理，最后再按照演练的结果总结时间分配时出现的问题，重新对各个发表内容分配说明时间。这样的过程要反复重复，直到能把时间完美地分配好。

这时还可以灵活利用 [表 12.4] 中的“针对时间分配的检查要点”，可以更好地防止失误的产生，也可以防止某些内容反复占用时间。利用这个“针对时间分配的检查要点”对说明绪论、本论和结论所需要的时间 , 以及说明其中各部分内容所需要的时间进行检查，看看它们与在初始的规划阶段所分配的时间是否有差别，如果有的话 , 差别有多大。

[表 12.4] 针对时间分配的检查要点

区分	内容	时间（分钟）	实际需要时间（分钟）	备注
绪论	C_{11}	5		
	C_{12}	5		
本论	C_{21}	5		
	C_{22}	5		
	C_{23}	7		
	C_{24}	3		
	C_{25}	6		
	C_{26}	4		
	C_{27}	5		
结论	C_{31}	10		
	C_{32}	5		

[表 12.4] 中“实际所需时间”一栏中需要记入各个内容部分在实际发表中所需要的时间。“备注”一栏中需要记入与所需时间相关的发表者需要特别说明的内容事项(如果有的话)，以用于后面的调整和完善工作。

完全确定了时间分配的方案以后，还要通过反复并且充分的演练去确保在发表现场能够真正遵守时间，能够真正按照剧本去执行，只有这样才能从基本层面上保证发表能够获得成功。

第十三章

PPT的设计攻略

在准备多媒体发表的过程中，谁都会遇到这种情况：把从同事、前辈或者以前在此工作的人那儿得到的 PPT 文件（*.ppt file 或者 *.pptx 文件），或者自己以前做的文件稍作修改就用于本次发表，但是大家有没有想过这样做到底是好是坏呢？

不知道有没有人会反问：当然要这样做，难道还有其他更好的方法吗？不管怎么样，对于这个问题，正确的答案应该是：从头开始！

如果使用以前的 PPT 去修改的话，就不可能有创造性的发表，也就更不可能做出和以前有所不同的发表了。

直到现在还是有很多人认为多媒体发表的全部就是制作一个好的 PPT。前面也说过，在这里我想再强调一次：不管到哪儿，PPT 也只是一个发表的辅助手段。

但是，这并不是说 PPT 不重要，为了保证发表的成功，就要很好地使用这个手段，制作一个出色的 PPT。在前面的章节中我们已经充分介绍了 PPT 中应该放入哪些内容，应该怎么准备。

13.1 设计PPT的基本原则

1. 容易，简单，明了

设计 PPT 时最基本的原则就是容易、简单和明了。本着这三个原则出发制作出的 PPT 更能吸引听众，引起他们对发表的兴趣。这是因为大部分参加发表的听众都不喜欢不易理解的有难度的内容，哪怕只有一点点，他们也不喜欢复杂的内容，因为复杂的内容不够明了，容易让人感觉混乱。

看上去很富丽堂皇的 PPT，也许在一开始能给听众带来震撼，让他们感叹，但是这种 PPT 的构成内容如果太复杂，不容易理解，就不能传达确切的信息，听众很快就会感到厌烦。

在设计 PPT 的阶段要慎重考虑的事项中就应包括参加发表会的听众的知识水平高低。如果 PPT 内容高于听众的知识水平，让他们感到难以理解的话，听众就容易走神或者不听发表。正因如此，在规划 PPT 内容的时候一定要充分考虑听众的知识水平，站在他们的立场上设计出更容易理解的 PPT 内容。

当利用电光胶片投影仪的时代刚刚逝去，在那个 PPT 中可以加入辉煌灿烂的视频、轰隆轰隆的声音的 PowerPoint 初期，大家一度都认为发表材料的可视化和可听化是发表的全部，这也就产生了当时在公司里大家都很崇拜会用 PowerPoint 的人的现象。但是随着学习 PowerPoint 的人像雨后春笋一样多起来，PowerPoint 自身也随着版本的改进变得越来越简单，最近几年大家开始更注重多媒体发表时的演讲说服力，使用更有实质内容的新模式。因此我们把容易、简单和明了归结为设计 PPT 时的最基本原则。

2. 一张 PPT 页面，只能有一个核心内容

在一张 PPT 的页面中，最多只能阐述一个信息。如果放入了好几个内容，混合的 PPT 页面就容易分散发表者想要传递的信息，从而使听众感到复杂，不容易和发表者产生共识。苹果公司的前 CEO 乔布斯的发表就可以说是一张页面一个核心信息的典范，他发表资料的所有页面都彻底地遵从了这个原则。

一张 PPT 页面上展示几个内容的话，看起来可能会很精彩，但是大部分的听众也只是在开始的时候惊叹一下，但是却可能因为一直找不到发表的重点而变得心烦意乱，如果再加上发表者无休无止、翻来覆去的说明，听众的情绪就会变得烦躁。这种情况下，可以把内容和信息分放在几个不同的页面里，说明时也可以把他们分开说明，这样可以得到更好的听众反映。如果确定好每一张 PPT 页面的平均说明时间，就可以在限定的时间内完成发表。根据高水平的发表大师的经验，虽然会因情况不同有所差异，但总体来说推荐每张 PPT 页面的平均发表时间都在 1 分 30 秒左右。

举个例子来说，一个 60 分钟的多媒体发表，理想的做法就是制作 40 张 PPT 页面，这样平均每张用 1 分 30 秒说明的话，正好可以在规定时间内完成多媒体发表。

3. 专业词汇和缩略语

PPT 中可以使用很多专业词汇和缩略语。如果主要听众是发表主题相关专业的人，或者主要听众是同一个系统内的人的话，他们的理解能力和知识水平都有一定的专业水平，多使用些专业词汇和缩略语也不会有什么问题。

不知道过多地使用专业词汇和缩略语是否会让发表者的专业水平看起来更高一些，但是参加会议的听众中如果有对此发表领域不熟悉的人，他们碍于面子又不能逐个询问发表者，因此每次出现专业词汇和缩略语的时候，他们都只能心里一凉，再叹一口气。

所以，在进行发表的时候，对于有些连专业人士都不知所云的专业词汇和缩略语，或者很偏僻的英语单词等都尽量少用，以免影响听众的心情，然而，现实中却能经常看

到滥用专业词汇和缩略语的情况。在这种情况下，那些有专业词汇和缩略语的章节很可能会让听众停止对发表内容的思考，结果导致发表者面临听众不能对发表内容和发表者产生共识的危机。

为了防患于未然，在规划阶段就应掌握听众在发表内容领域的专业水平，然后根据不同水平决定应该使用哪些专业词汇和缩略语。

4. 不要把 PPT 的页面写得过满

前面我们介绍了设计 PPT 时最基本的原则是简单、明了，但是现实中却经常能看到不遵守这个原则的实例。大部分的 PPT 页面都基本没有留下空白部分，而是密密麻麻地写满了内容，这分明是无视并放弃了简单、明了原则而产生的结果。

不在乎简单、明了原则，把 PPT 页面写得满满的，没有一点儿美感，这种现象倒是勾起了我的一些回忆。在六、七十年代的时候，我们国民的收入还很低，生活拮据的人很多，所以高中生和大学生甚至小学生都不会浪费笔记本，他们会先用铅笔把正反面都写一遍，再换成钢笔或者圆珠笔再密密麻麻地写一遍，那时候就养成了节约的好习惯。

或许是好习惯一直保持到今天的缘故吧，很多人在制作 PPT 的时候还是习惯把页面写得满满的。但是，如今这样写满的习惯并没有节约什么，反而看着让人心急。把内容分散到若干张 PPT 页面上绝对不是浪费，这点请牢牢记住。

页面上 75% 的空间用来设计发表内容，剩下 25% 的空间作为空白，这样的话心理上更有安全感，还能提高听众对研究结果的理解能力。从现在开始，希望大家能够在规划阶段就谨记这个设计 PPT 的原则。

5. 一步一步地完成

播放 PPT 时，一张页面里的内容不要一次性全部播放出来，根据内容的逻辑和说明的深度一点一点地适当播放才是理想中的多媒体发表方法，也就是说播放 PPT 内容时要一步一步地 (Step by Step) 播放。

这一点可以通过 PowerPoint 中的动画功能实现，这个功能可以让发表者每次点击时出现一部分发表内容，使本来空白的页面部分出现设计好的文本框、图表或者图片。通过页面内容的变化不仅可以提高听众的注意力，还可以持续地吸引观众的注意力。通过这种手段就可以保持听众的理解进度和发表者说明进度的统一。像这样一步一步地展开发表，在发表中的某个时刻就可以自然而然地与听众形成共识，这就是以观众为中心的多媒体发表的说明方式。

然而，我们观察大部分的演讲发表，发表者都不采用这种方式，他们大多数都是一次性地播放出一页 PPT 中的所有内容，然后进行说明。如果说 PPT 页面内容设计得比较满，发表者的说明和听众视线之间的一致性就会消失。这是因为，听众阅读页面的速度是发表者说明速度的 4 倍以上，在发表者说明一两行的时间里，听众就已经把整页的内容看完了，然后听众的视线就可能不再放在发表者身上，而是注意其他不相干的东西去了。这样的结果就会使发表者和听众之间的距离越来越远，如此反复，听众就会对发表本身失去兴奋感和兴趣。

我们可以从心理学方面分析发生这种情况的原因。人类头脑的知觉系统一次只能完成一项任务，也就是俗话说的“一心不能二用”。当内容丰富的 PPT 页面被播放出来时，听众们往往在无意中就尽可能快地把内容读了一遍，在此时间内大脑对发表者的说明就不能做出特别的反应，甚至根本就不听说明，最终结果就会导致听众的注意力分散，使整个发表变成对牛弹琴。

6. 过多的动画可能会带来反作用

不管做什么事情，在做的过程中都会需要这样或那样的东西。在需要某样东西时，如果有，那它就像生病吃药一样，药到病除；但是，即使是良药也不能超剂量服用，过多就有副作用。

多媒体发表时的动画也是如此。在需要使用动画的时间和地方，使用一下会起到很好的效果；但是，如果过度使用动画，多到混乱的程度，反而不会有好效果。过多的动画效果会让发表者的行为看起来显得散漫，还会使听众变得烦躁。

动画效果不仅能勾起听众的关心和兴趣，而且是发表者为了强调发表中的重要内容而利用的一种战略手段，所以发表者在使用动画的时候，需要明白怎样做才能成功地使用动画效果。

7. 过于绚烂的动画可能会带来反作用

随着电脑和软件的更新换代，现在就算是中学生都能非常出色地使用 PowerPoint 了，也就是说，现在能使用 PowerPoint 已经是非常普通的事情。所以，想利用制作 PPT 这个技能让人对你刮目相看的时代已经过去了，不管你做出什么样的 PPT，别人顶多也就说句：“啊，很一般嘛！”

事实上，制作 PPT 的目的是用它去引导和帮助多媒体发表走向成功，而不是为了制作 PPT 而制作 PPT，然而在现实中却有一种 PPT 越做越绚烂的趋势。多媒体发表的目的是传递信息、形成共识，而不是展示绚烂的 PPT，因此过分注重 PPT 的绚烂程度明显就是主客不分。

过于绚烂的视觉效果不仅会分散听众的注意力，而且可能会把听众的注意力从发表者要传达的信息上转移到绚烂的视觉效果上。因此，千万要注意，不要让过于绚烂的 PPT 在发表的时候盖住发表者本身的光芒，从而导致发表的失败。

8. 发表理工科类研究成果时需注意的事项

理工类研究开发成果的多媒体发表和其他领域的发表有很大区别。这是因为理工科的研究开发成果往往不是用一两句话就可以说明概括的，而是需要很多复杂的公式或过程去说明。这个领域的研究开发过程与人文学科、艺术学科都有很大的区别。

苹果公司的前 CEO 乔布斯，在每年的新产品说明会上都会做出让人惊叹的发表，但要注意，他的发表从内容和形式上都和理工科领域的发表有着极大的差别。他把图片和数字放在一个页面进行说明，大部分的页面内容都是别致且有独创性的，大家都怀着嫉妒的心情对他赞不绝口。

但是，理工科的研究开发结果 PPT 却不能按照乔布斯的形式去制作。如果不考虑发表内容的特性，千篇一律地都按照乔布斯的形式去制作 PPT 的话，无疑也会产生很多问题。

13.2 能维持听众注意力集中的PPT设计攻略

美国华盛顿大学生命工学科的 John Medina 教授出过一本书，叫做《大脑规则 (Brain Rules)》。在书中，John Medina 教授谈到了这样一个事实：参加发表会的听众在听发表 10 分钟后，他们的注意力会急剧下降。这是他通过在发表场所的不同角度和位置安装摄像头，对参加发表会的听众（自愿者）进行观察而得出的结论。

在这个实验中，他发现在发表开始 10 分钟以后，听众要么看手表，要么打瞌睡，要么开始变换坐姿，或者向窗外张望，总之，听众开始表现出对发表的厌烦，做出各种显示注意力开始分散的行为。

随着时间的继续，听众的注意力急剧下降，开始出现 [图 13.1] 右边列出的诸如打瞌睡甚至睡觉等各种赤裸裸的厌烦行动。

出现这种情况的话，发表者就应该仔细慎重地检讨自己的发表内容和发表方法等是否存在问题了。

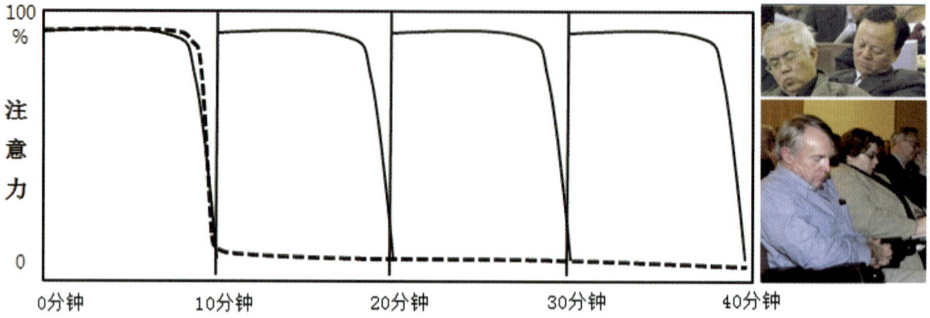

[图 13.1] 注意力的变化

为了避免这种情况发生，如 [图 13.1] 中的线图所示，发表者可以在发表开始后每 10 分钟换一种发表方法，或者在规划阶段就事先适当地安排好能够吸引听众注意力、吊起听众胃口的发表内容，并在演练的时候加以注意和调整。

13.3 可视化(Visualization)

1. 视觉化

如果发表者想要传递的信息高于听众的知识水平，对听众来说可能较难理解，那么不管发表者对词汇怎么精挑细选，使出浑身解数对内容进行说明，对于听众来说都是抽象的，发表者都只能是对牛弹琴。在这种情况下，抽象的说明总是会让听众感到郁闷和着急。如果从心理层面上考虑，一种合理的发表方式就是用可视化的手段来将要传递的信息具体化。

采用这种方式可以成功避免使用那些抽象的词汇。充分运用符合要说明的内容的表格、线图、图表、流程图、照片和图片等，可以使要说明的内容可视化。将要传递的信息可视化、具体化之后，再配合语言的说明和解释，可以同时激发听众的视觉和听觉神经，不仅能让他们更容易理解发表内容，而且可以大大增加他们对内容的记忆能力。

用流程图、照片或者图片等代替文字，用线图、图表或者表格代替数字，这就是可视化的手段。可视化可以同时激发听众的视觉和听觉神经，通过图像和语言一起传递一个栩栩如生的画面，这个画面可以在听众的大脑中存在很长时间。也就是说，在听众看着画面的同时，对听众进行语言的说明，可以使听众在视觉上和听觉上同时同步地去理解发表的内容。

所以，如果在规划阶段就针对可视化进行合理的设计，整个多媒体发表基本上就算成功一半了。

根据 Kodak 公司的研究结果，发表内容经可视化之后，其易理解度可以提高近 43%，记忆时间可增加 5 倍以上，从而能节省 28% 的说明时间。

发表内容经可视化之后，本来需要用很长一段话去解释的内容可以一眼就看明白，这样不仅节约了语言说明的时间，而且还可以集中听众的视线。如果在规划阶段合理地设计了可视化的说明内容和资料，它们或许就能发挥出比千言万语更大的作用。

但是，如果很随便地就把发表内容可视化了，也不一定能发挥大作用。也就是说，可视化也有要遵循的原则。首先，可视化后的内容要简单明了才能有效果；其次，数字要转换成线图和图表，文字转换成流程图；再次，可视化的资料内容和文字要一起设计并制作出来；最后，一个要说明的概念用一个可视化资料去说明。

在设计可视化的过程中需要注意的是，视觉化以后的资料不能是复杂的，设计表、线图、图表、流程图、照片和图片都尽量设计得简单、明了。如果视觉化以后的资料还是过于复杂，反而会起到反作用，使发表内容更难理解。

2. 图表化

在设计可视化的过程中必须要经过的一步就是图表 (diagram) 化。图表化是指“用图片或者图形去整理一个想法或计划，使之更容易被理解”。比起语言和文字说明，灵活利用图表可以清楚地将问题的全貌以及各个部分之间的相互关系展示出来，也使它们更容易被说明和理解。

图表化就是将信息用图片或图形去调整、描述和升华，并用二维几何模型将其可视化的一项技术。

发表者把写有关键词的 PPT 打开给听众看，这并不意味着听众就可以很容易地理解发表内容。我们将发表内容图表化，根本原因在于要找一个发表方法去让发表内容更容易被听众理解。所以，图表化是完成一个已经规划好了的多媒体发表 PPT 的关键过程。

在设计 PPT 时，比起用简单的文字配合口头说明去传递信息，将信息图表化之后再说明给听众听，这样的方法更容易让听众理解发表内容，从而形成共识。

在图表化发表内容时，灵活利用故事内容中原有的照片或图片也是一个不错的方法。图表化只是传递内容的一个手段，比起费尽心思地制作图表，有时灵活运用那些充分蕴藏着故事内容的照片和图片，可能会更容易成功地向听众传递信息。

在日本，图表也被叫做“图解”，图表化也就是“图解化”。根据日本名作家久恒启一的观点，在以文字为中心的交流方式中，哪怕只是漏了一个字，都可能导致不能成功地传递信息。这是因为我们的大脑只有逐个地处理看到的文字才能够理解其意思。

因此，“图解”就像 [图 13.2] 所展示的一样，先是右脑在理解的第 I 阶段里，将一眼看到的图解的全部信息迅速地做一个全局理解，然后左脑开始工作，进入理解的第 II 阶段，也就是对局部以及各个局部之间的相互关系进行理解。像这样，比起文字方式，图解就可以通过理解第 I 阶段和第 II 阶段，更快更迅速地完成对信息的理解。

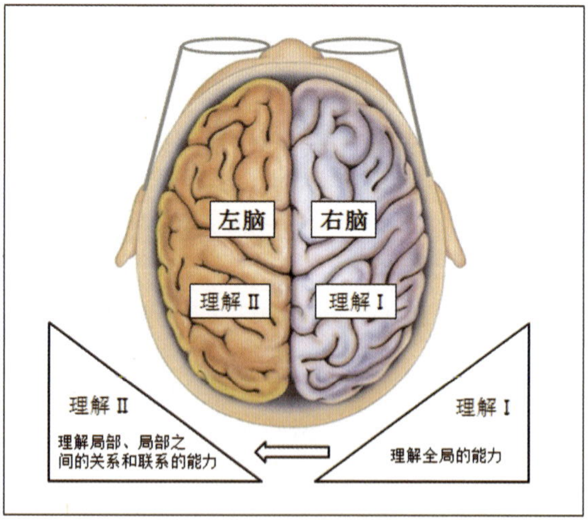

[图 13.2] 左脑、右脑图解的理解概念图

另外，久恒启一指出图解化的优点还包括：第一，听众一眼就可以看出发表者想传递的信息；第二，对复杂、难理解的内容进行图解后，可以变成很容易理解的内容；第三，用少量的图片或者图形就可以表现本来需要很多的文字去表现的内容；第四，可以相对

更客观地阐述要发表的内容，使发表内容更生动，也更容易取得观众的信赖和认同。

然而，图表化这个方法的使用并不像想象中那么轻松简单，没有经过反复多次的实验得到的体验，没有长时间的磨炼而得出的经验，谁都无法轻松把握；但是，你也没有必要为此而感到急躁，因为图表化的方法对谁来说一开始都是不熟悉而且比较难的。

13.4 页面的背景色彩

在设计 PPT 的时候，最值得花大把时间去慎重对待的事项是背景的色彩，这是因为背景色彩决定着要插入的文字、线图、表格和图表等的色彩。

下边就是设计背景色彩时需要考虑的事项。

首先，需要考虑发表场所的室内照明，从而决定 PPT 页面的背景色彩。这种情况下需要考虑室内照明的明暗程度。

室内照明如果很暗的话，背景色彩应尽量避免使用灰色、亮黄色、明亮的天蓝色等比较明亮的色彩。在室内的光线很暗的情况下如果使用明亮的色彩，巨大的屏幕投影就成了一块大型的照明板，观众长时间地看屏幕会导致眼睛极度疲劳。

因此，如 [图 13.3] 所示，这时的背景色彩可以考虑使用暗绿色、深蓝色、深棕色或者暗灰色等暗色系。

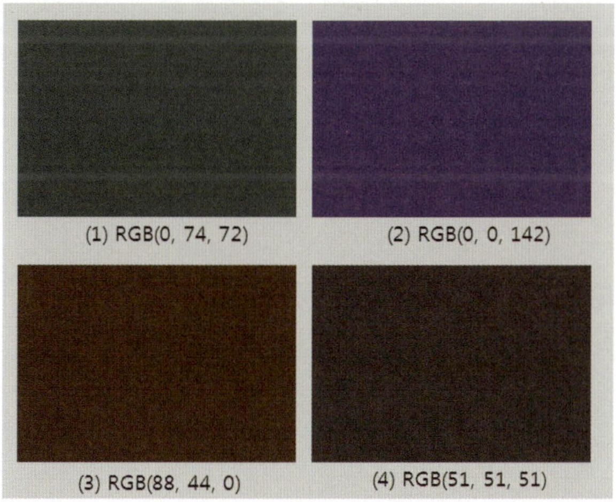

[图 13.3] 背景色彩的色样

[图 13.3] 的 (1) 为暗绿色色样，RGB 值为 (0，74，72)；(2) 为深蓝色色样，RGB 值为 (0，0，142)；(3) 为深棕色色样，RGB 值为 (88，44，0)；(4) 暗灰色色样，RGB 值为 (51，51，51)。

这里所说的暗灰色有别于 RGB 为 (0，0，0) 的黑色。从色彩学的角度来说，用这个色彩作为背景色彩，对在此背景上使用的文字，图表色彩的影响最小。这种暗灰色的亮度只有最亮的灰色的亮度的 20%，在色彩实验上也经常被用作背景色，因此在很多高层次的发表场合都采用这个颜色做背景色。[图 13.4] 的 (1) 是比尔·盖茨在微软的产品发布会上所使用的暗绿色发表背景，而 [图 13.4] 的 (2) 中展示的是乔布斯在苹果的产品说明会上所使用的蓝色发表背景。

相反，如果室内照明很亮，背景颜色就建议使用灰色、亮蓝色或者亮黄色等亮度比较高的亮色系。如果在比较明亮的发表场所使用暗色系作为背景色，会让人感觉画面像褪了色一样。褪了色的画面看起来死气沉沉的，会让人产生不好的感觉。

如果发表者在发表场所光线很明亮的情况下却仍然使用了暗色系的背景色，我们就只能说发表者对光线的利用原则还是不够了解。

(1) 比尔·盖茨使用的背景色

(2) 乔布斯使用的背景色

[图 13.4] 背景色的使用实例

其次，选择背景色彩时还需要考虑发表内容的领域和发表的风格。

我们大多数人在选择背景颜色的时候都不考虑个人情况，也不管发表内容的领域和发表的风格，而无条件地使用蓝色，这种做法是没有意义的。

现在我们来举些例子说明发表内容领域和背景色该如何搭配。发表 IT 或者海洋领域的内容时，可以考虑使用深蓝色作为背景色；发表生命工学、医学和农业领域的内容时可以用深绿色；文化艺术领域可以用深棕色；时尚领域可以使用深灰色。

除此之外要考虑的事项还有背景画面。背景画面如果使用太复杂的花纹或者令人头晕的图片，容易让听众产生视觉混乱，因此一般来说使用单色比较好。从 [图 13.4] 的 (1) 中比尔·盖茨的背景画面就可以看出太复杂的花纹或者某些令人头晕的图片并不是作为背景画面的明智选择。希望大家把这一点作为参考。

根据不同的情况，还可以使用轻微的渐变色（gradation）画面作背景画面。这里所说的渐变是指使用图像技术，从暗到亮，从大到小，从粗糙到细腻，或者从一种颜色过渡到另外一种颜色，这个过渡过程要循序渐进，要柔顺，一点一点地过渡。[图 13.4] 的 (2) 中乔布斯的背景画面就是在蓝色的基础上使用了一点点渐变技术，使得背景画面不是那么单调，从而成为一个经典的背景设计。

另外还要考虑到使用的色彩是否太过激烈。背景画面的色彩选择如果没有以清新和清晰为目的，而是使用了单纯的红色等原色彩，就容易让听众看起来不舒服，不顺眼。因此，为了防患于未然，最好避免使用过于激烈的色彩作为背景色。

13.5 文字和字体

在制作 PPT 时不可避免地要用到文字，文字的可视程度需要靠文字的大小来调节，所以在设计文字的时候当然要考虑到文字大小这个基本要素。

1. 文字设计的基本原则

a. 不要使用完全论述和说明型的句子

设计 PPT 上的文字时，最先需要考虑的事项是怎样才能让文字显得简单、明了。

多媒体发表的 PPT 有别于报告书和其他的发行物，因此在制作 PPT 时不要使用‘主 – 谓 – 宾’这种完整句型，而是应该尽量使用压缩句型，使得听众一看就能看到完整的内容。也就是说，根据情况可以只使用一些关键词构成条列式的内容。这里所说的条列式内容是指前面有号码或者其他记号，由一些关键词构成的简短短句来表达内容要点的一行行文字。

经常看见有的 PPT 上句子的主谓宾定状补再加上标点符号一样都不少，可以说这些人基本上是不懂多媒体发表的。可能是因为我们学习中文、韩语和英语的时候都有学到陈述句应该以句号来结尾这一条，所以大家都习惯在句子的结尾加上句号，语文学得越好，就越难改掉在句子的结尾加句号的习惯。但是希望大家记住的是，在制作发表用的PPT时，句号是被禁止使用的。

设计 PPT 时还需要注意的一个要点，也是必须要遵循的一个原则是：设计的文字要让听众在只看文字本身时，不容易理解它要表达的意思。利用这个原则制作出的 PPT 文字内容只有和发表者的说明一起，才能把栩栩如生的信息传递给听众，才能让听众容易并痛快地理解发表内容。在设计 PPT 文字内容时，只需要记住不要原原本本地使用完全论述和说明型的句子，就可以很容易地解决这个问题了。

b. 使用英文单词时要区分大小写

在使用英文时区分大小写可以使内容更容易被理解。如果全部使用大写字母会使文字看起来相似，不能被很容易地读懂。

但是在标记一些商品的商标或其他特殊情况时可以使用全部大写的方式。总的来说就是在设计 PPT 时，如果不是有一些特别的原因，否则英文文字都应该区分大小写。

c. 不要使用下划线

在制作 PPT 的时候，不管是英文还是汉字，下面如果加上了下划线的话都会让文字变得复杂，不易被读取和理解。

比如说韩语中的ㄴ、ㄷ、ㄹ、ㅁ、ㅌ等部首，含有它们的韩语字下面加上下划线后就成了눈、곧、불、금、갈，字的下边变得不清楚，不容易被区分。英文字母也一样，比如 g、p、q、y 等，加了下划线就成了 g、p、q、y，给人的感觉是字的下面被切掉了一节。

为了避免这些问题，可以考虑对需要强调的文字使用粗体字，或者使用其他比较醒目的颜色。

虽然这些看起来都是小问题，但是请记住，从服务的角度来看的话，只有一点一滴的周详考虑，最后才能汇聚成成功的海洋。

2. 字体的选择

对于字体的选择，推荐使用 [图 13.5] 中的哥特体（Gothic）。哥特体也可以叫做无衬线字体（法语 Sans serif font)。Sans 是英语中“without，没有”的意思，serif 是连接在法语字母笔画结束时候的额外装饰线（‘–’），可以想象成写在字母后边的像鱼钩一样悬着的尖尖细细的装饰线，合起来的意思就是字母笔画结束的地方不带额外的装饰线（‘–’）

的字体。如 [图 13.5] 所示，属于无衬线字体系列的有韩文的 HY **견고딕**、**굴림체**、**돋움체**、**맑은고딕**、HY **헤드라인** M，中文的雅黑，英文的 Arial、Verdana 等。之所以建议使用哥特体，是因为其他的非哥特体的文字易读性不高，观众比较难以辨别。

HY견고딕	굴림체	돋움체
맑은고딕	HY헤드라인M	
Ariel	Verdana	雅黑

[图 13.5] 哥特体 (无衬线字体 ,Sans serif font)

使用哥特体最好的例子就是交通安全指示牌。交通安全指示牌上使用的字体无一例外都是哥特体，这是为了使驾驶汽车的司机们能够很容易地看清指示牌上的文字和符号。

[图 13.6] 中展示的衬线体 (serif) 就是非哥特体的字体，属于这个范畴的字体有韩文的 HY **견명조**、HY **신명조**，中文的宋体，英文的 Times New Roman、Bodoni、Georgia 等。这样的字体在教科书或报纸等文字比较小的地方经常见到。经过漫长的历史发展，这样的字体被认为是最适合书、文件等媒体的字体，并被使用了数千年。但是我们在制作 PPT 的时候去要避免使用非哥特体，这是因为听众读取这些文字时相对耗时更长，多媒体发表的一个特点是投影出的画面在很短时间内就会消失，给听众的读取时间相对较短，所以在制作 PPT 的时候要避免使用非哥特体。

Times New Roman	HY 견명조
Bodoni	宋体
Georgia	HY신명조

[图 13.6] 衬线体 (Serif font)

3. 字的大小

PPT 中的文字大小应该保证坐在听众席最后一排的听众也能很容易地看清楚，因为发表的内容首先应该让参加发表会的与会人员都能看到。

现实中经常看见很多 PPT 中的文字大小设定到 10 甚至更小，可能是因为发表者在电脑显示器上看这些文字时觉得够清晰了，因而也就认为这么大的字就足够了，但这种做法分明是错的。

根据发表场所的大小不同，PPT 中文字的大小也应该随之变化，这一点需要在发表的规划阶段就细心地进行考虑，否则的话，为发表付出的那么多时间和努力都有可能会付诸流水。

那到底该如何设定文字的大小呢?

这里我介绍一种到目前为止被认为是最为容易并且客观的方法：和电脑显示器保持大约一米的距离，伸直胳膊并竖起你的大拇指，闭上一只眼，用另一只眼看显示器上的文字，如果文字的大小大约是你大拇指的四分之一的话，那么这就是你的 PPT 中文字大小的最低值。

但是，这个方法也只是在不知道发表场所大小的情况下估算文字大小最低值的一种方法。

虽然说原则上文字的大小应该根据发表场所的大小而决定，但是如果非要找个比较合适并通用的值的话，可以这样尝试：PPT 的题目文字大小可以设定为 40~44，正文的文字大小可以设定为 18~35，这些只是在一般情况下比较合适的推荐值，并不是放之四海而皆准的绝对值。

13.6 灵活利用色彩

色彩对多媒体发表起着非常重要的作用，可以毫不夸张地说，能否灵活地利用色彩甚至决定着发表的成败。

众所周知，色彩有数不清的种类，那么能区分开的色彩到底有多少种呢?

根据美国有名的色彩学家 Deane B.Judd 发表的文章，人在视觉正常的情况下，在太阳光下可以区分大约一千万 (10,000,000) 种不同的色彩。当然这里面包括了很多通常看起来极度相似的色彩，但是即使如此还是改变不了色彩种类极多的这个事实。

在设计 PPT 的过程中，只有对色彩苦心琢磨才能灵活利用好色彩。我们在日常生活中经常与色彩形影不离，也深知色彩的重要性，但是真到要设计 PPT 中的背景色彩、文字色彩和各种图标的色彩的时候，却脑海中一片迷茫，心急如焚，不知道用什么色彩才好，而且不管去问谁，都得不到一个让自己能爽快接受的意见和答案。

不同种类的色彩都散发着独有的感觉，都带着独有的信息。只有懂得灵活运用色彩中承载的感觉和信息，才能达到 100% 以上的视觉效果。

为了能体会灵活利用色彩的原理，就应该知道一些关于色彩的最基本的知识，下面我们就一起来学习一下。

1. 色彩的三个属性：色调、亮度和饱和度

先看看色彩的三个属性。色彩的三个属性是色调、亮度和饱和度。我们在感受色彩时，最优先感受到的是亮度，其次就是色调，最后才是饱和度。这三个属性合起来才能构成色彩，而这三个属性都可以用数值来衡量。所有有彩度的色彩都有这三个属性，但是对于那些无彩度的色彩，如黑色、白色、灰色等，它们就没有色调和饱和度，只有亮度。

下面我们分别对色调、亮度和饱和度进行说明，只有知道这些才能在设计时用眼睛去感受和选择色彩。

a. 色调

色调 (hue) 就是类似于红、橙、黄、绿、蓝等用于区分色彩的特性，主要通过色调环 (color circle) 来表现。色调只在描述有彩度的色彩时才用到。

对于无彩度的色彩，没有色调这个概念。

我们平常在问色彩时都喜欢问：这是什么颜色？其实，这是一种对色彩色调的混淆，是错误的。颜色只是指色彩三要素中的“色调”而已。比如说下面的说法就是错误地把颜色当成了色彩：“选这个深灰色的颜色做背景画面真是没选错！”

在设计 PPT 的时候，最经常使用的色彩都是从色调上考虑的色彩。这可能是因为我们都是以在中学的美术课上所学的知识为基准去选择色彩。

在设计 PPT 的阶段，考虑到色调而选择的色彩有红色、橙色、黄色、绿色、青色、蓝色和紫色等。

比如说，把背景色设成蓝色色调的色彩后，那 PPT 上的文字可以使用什么色彩呢？

红色、橙色、黄色、绿色、青色、蓝色和紫色中哪个颜色比较适合呢？这些都得从色调上进行考虑。

在后面色调对比的章节里我们还会更具体地介绍一些灵活利用色调的实例。

b. 亮度

亮度，也称为明度 (lightness)，表示色彩的明暗程度。在色彩的三个属性中，人们最先感受和认知到的就是亮度。确切地说，就是人类的眼睛对物体或者光源色彩明暗程度的感知速度是最快的。

为什么这个速度最快呢？这是因为人类眼睛的视网膜是由很多杆状体和柱状体的细胞构成的，杆状体细胞负责感知明暗，柱状体细胞负责感受色彩。感知明暗的杆状体细胞的数量是感知色彩的柱状体细胞的近 20 倍（杆状体细胞约有 1 亿到 1 亿 2 千万个，柱状体细胞约有 5 百万到 7 百万个）。而且杆状体感知明暗的速度也比柱状体的感知速度快近 1000 倍，因此人类的眼睛对色彩明暗度的反应是非常敏感的。

即使是基于这个理由，我们在设计 PPT 色彩的时候也应该更注重色彩的亮度，也就是明亮还是昏暗。比如说，灰色的背景颜色上使用黑色的文字或者黑色的背景颜色上使用灰色的文字，能够很容易吸引人们的视线，原因就在于明暗的搭配上。在后面色彩亮度对比的章节里我们还会更具体地介绍一些灵活利用亮度的实例。

c. 饱和度

饱和度，也叫彩度 (chroma)，是描述色彩单纯度的一个量。如果一种色彩完全没有掺杂其他色彩，那么这种色彩的饱和度就是 100%。在设计 PPT 色彩的时候饱和度也是广泛被应用的。选择了一种色彩后，如果可以合理利用不同的饱和度，就可以很好地吸引人们的视线。

比如说在选择了一种饱和度很高的蓝色之后，如果可以把它的饱和度调到很低，那么这个配色方案就更容易吸引人们的视线。

2. 色彩中的互补色关系

下面我们讨论一下色彩中的“补色”。互补色在色调环中正好成 180 度角，同样的情况在几何学中称为补角，补色的“补”由此得名。补色一般来说有三对，即红与绿、黄与紫、蓝与橙。合理使用互补色关系可以让人的眼睛更强烈地感知并适应所看到的色彩。比如说，如果在红色背景上使用绿色，黄色的背景上使用紫色，或者蓝色背景上使用橙色，都可以强烈地吸引人们的视线;但是，有时候过于刺激的互补色反而是色彩使用中的忌讳。在后面的章节中我们会介绍具体的实例。

3. 色彩的对比度

下面我们看看色彩的对比度 (color contrast)。色彩的对比度是指利用与视觉冲击相反的色彩去得到更具有视觉冲击力的视觉效果。

一般来说，亮度不同的两种色彩放在一起之后，亮度高的会显得更亮，而亮度低的会显得更暗。同样，饱和度不同的两种色彩放在一起之后，饱和度高的色彩也会显得更鲜明，而低的也会显得更模糊。另外，互补色的色彩放在一起的话可以增强相互的饱和度，产生非常强烈的视觉冲击力。

对比度的概念可以用下面的公式进行表述：

对比度 = 最亮的色彩的亮度 / 最暗的色彩的亮度

对比度是最亮的色彩的亮度和最暗的色彩的亮度之比。要说明对比度，最好的实例就是褪了色的黑白老照片。拿着一张褪了色的老照片看，首先黑色部分已经褪色成了浅灰色，白色部分也褪色成略带焦黄的浅白色。这种情况下，最亮的色彩的亮度比原来要低，最暗的色彩的亮度比原来要高，因此整体照片的对比度就比原来小了，简单地说就是褪色的老照片的对比度变小了。

在灵活运用对比度的时候需要记住下面几个要诀。

第一，改变色彩的色调、亮度和饱和度三个要素中的任何一个的话，整个画面的感觉就会被改变；

第二，两种色彩的色差 (color differnece) 越大，差异感也就越大；

第三，有互补色关系的颜色可以互相增强视觉感受；

第四，对比度越大，画面的突出感就越强。

4. 色调的对比

色调的对比是指相互不同的两种色彩相互对照时，色调差看起来会更大。[图 13.7] 展示了黄色和蓝色色调的对比，以及橙色和红色色调的对比。图片左侧是色调环，右侧是色调的对比。

从这两个图上我们可以看出，两种色调的色调环上，色调环上距离较远的色彩之间的搭配比色调环上距离近的色彩之间搭配出的色彩对比度更大。

因此，尽可能地选择色调相距较大的色彩进行配合，这样可以得到更大的色彩对比度，也就更容易吸引听众的视线。

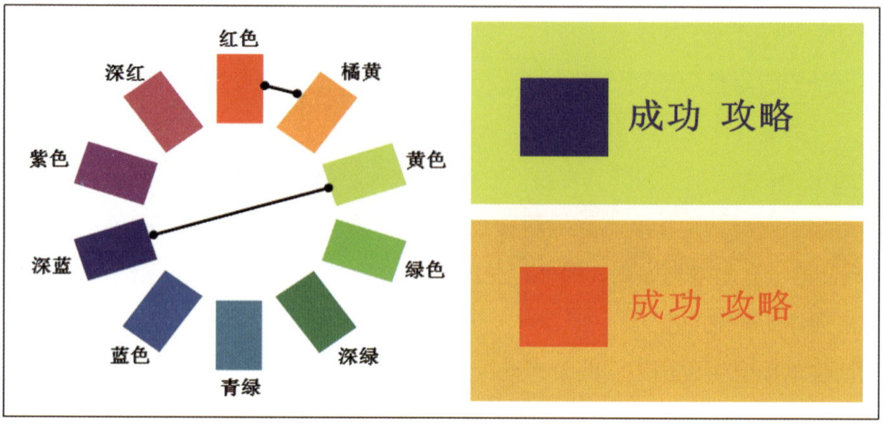

[图 13.7] 色调的对比

5. 亮度对比的实例

亮度的对比是指亮度不同的两种色彩在互相对照时亮度差会看起来更大。

我们现在来比较一下 [图 13.8] 左上方的“黑色背景与灰色文字的对比”和 [图 13.8] 左上方第二张的“灰色背景与黑色文字的对比”。

这两张图中左边的灰色比第二张的黑色看起来更具有强烈的视觉效果，如果同时拉长，也看起来更宽。从这个例子中我们可以看出黑色的背景加上灰色的文字会显得更突出。这是因为暗色是“落后的色彩”，给人以距离感，而亮色是“前进的色彩”，有种就在眼前的感觉。

[图 13.8] 中间位置的两个例子和下端的两个例子都具有相似的概念，每对图片中的哪个更能吸引人的视线呢？答案是每对图片中左边的那张。

但是大部分的 PPT 都使用下面的方式，读者们觉得哪边的色彩搭配更具有视觉冲击力呢？

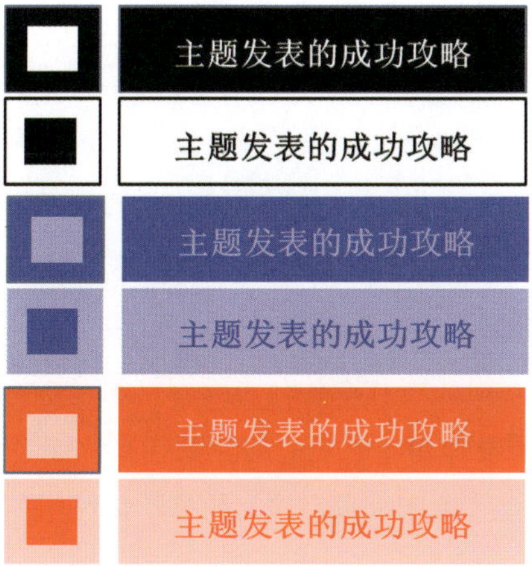

[图 13.8] 亮度的对比

6. 亮度差比色调差更具有视觉效果

色调相互不同的色彩搭配和色调统一但亮度不同的色彩搭配时，哪种情况更能吸引人们的视线呢？之所以问这个问题，是因为在设计发表 PPT 的时候有一个应该慎重考虑的核心事项:“怎样才更能吸引听众的视线”,而多数人在设计 PPT 时,只是单纯地考虑“选择什么颜色”。希望大家能够更好地理解和关注这个问题，要从单纯的层面跳出来，用更深层的方法思考。

如 [图 13.9] 的左侧所示，上方是红色色调和绿色色调搭配，下方是亮度不同的红色色调之间的搭配，这两种搭配哪种更能吸引人的视线呢？

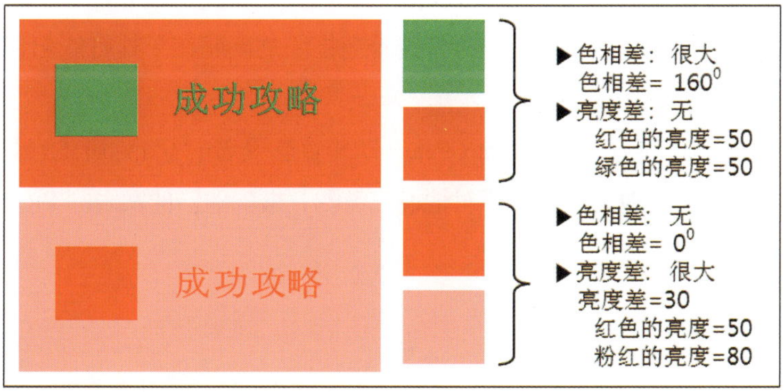

[图 13.9] 亮度差比色调差更具视觉效果

下面就是这个问题的答案。

我们先对两张图片进行分析。先说上方的红色色调和绿色色调的搭配，因为是互补色系，所以增加了相互的视觉冲击力，虽说算不上刺眼，但至少可以算得上耀眼。这种搭配虽说可以吸引人的视线，但也可能因为两种色彩的视觉冲击力太强，而使人们不敢把视线集中在上面。它们之间的色调差虽然只有 160 度，但是却因为太耀眼而变得不好，还有一个原因就是两种色调之间没有亮度差。

相反，如果比较下方的粉红色背景和红色的方框及文字的搭配，虽然两种色彩是属于同一个红色色调的 (色调差为 0)，但它们的亮度却不一样 (亮度差为 30)。因为构成人的视网膜的、占压倒性数量，并且体积也较大的杆状体细胞的作用，最终结果就会让这种搭配更能吸引人的视线。

7. 不合理运用补色而产生的失败实例

在搭配色彩时，最有视觉冲击力的就是互补色的搭配，我们经常能在发表的 PPT 中找到很多互补色搭配可能就是因为这个原因，还有可能就是中学时代所学习的知识影响太深吧！

我们说某两种色彩有互补关系是指像 [图 13.7] 一样，两种色彩的色调环正好成 180 度角。

但是，我们也不能说如果某两种色彩之间有互补的关系 (也就是色调是完全相反的)，他们的搭配就是悦目的。

[图 13.10] 中所展示的互补色搭配就非常失败。这种搭配之所以失败就是因为两种色彩相互之间使对方太过抢眼，反而成了配色的忌讳，导致视线想逃避，不能集中。因为这个原因，PPT 制作高手们都异口同声地说补色搭配的问题在于其可能起到反作用。这一点在设计 PPT 的时候一定要留心。

然而，美国有名的发表高手 Tom Peters 却一直享受着 [图 13.10] 的色彩搭配方案。因而经常有来自美国其他的发表高手对他说三道四、指责他，他发表的 PPT 也经常会被当成反面教材用。

[图 13.10] 不合理运用补色而产生的失败实例

8. 发表时关于色彩利用的问题

前面所介绍的有彩度的色彩的三个属性分别是色调、亮度和饱和度，在设计 PPT 的阶段，这三个要素对能否合理利用色彩非常重要。

因此专业处理色彩的国际机构国际照明委员会 (CIE) 在 1976 年发布了标准色库，并积极主张使用。这个标准色库如 [图 13.11] 所示，像一个地球的形状，连接南北极的线是亮度，赤道最亮，像是冻了一层冰，以亮度线为轴的圆代表饱和度。

这样一来就可以很简单地知道色调、亮度和饱和度，也就能在设计 PPT 时更轻松地利用色彩。

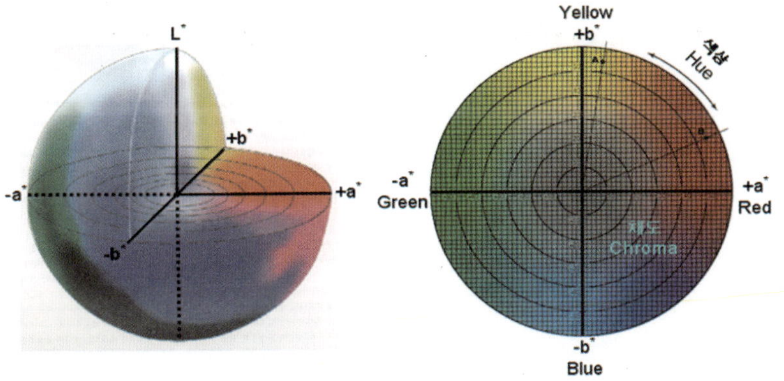

(1) (2)

[图 13.11] 标准色库

然而现实中还是经常听到有人抱怨说制作发表 PPT 的时候太难搭配颜色了，事实上笔者也完全有同感。从英国取得这个领域的博士学位回来之后，虽然也是第一次在韩国引进了电子色彩技术，并在相关领域研究了 20 多年，但直到现在，笔者还是认为在制作发表 PPT 的时候关于色彩的使用真的是很难。

其原因之一就是如 [图 13.12] 中的色调环所示，色调环的基本轴上的颜色有红色、绿色、蓝色、青色、品红和黄色，因为它们的位置纵横交错，因此稍微不小心就可能选到了其他完全不同的色彩点。[图 13.12] 的 (1) 中位置①是红色，②是绿色，③是蓝色，④是青色，⑤是品红，⑥是黄色。

事实上，和 [图 13.12] 的 (2) 一样，按照①－⑥－②－④－③－⑤－①的顺序连接上红、黄、绿、青、蓝、品红和红这几个色域之后，色调环的边轴就是选色时的基准点。这里所说的色域是指色彩所在的所有领域，从人的视觉系统上来说，色域就是像 [图 13.11] 中所示的地球一样的形状，但是对电子设备来说，色域不是球形而是一个奇异的立体模型。

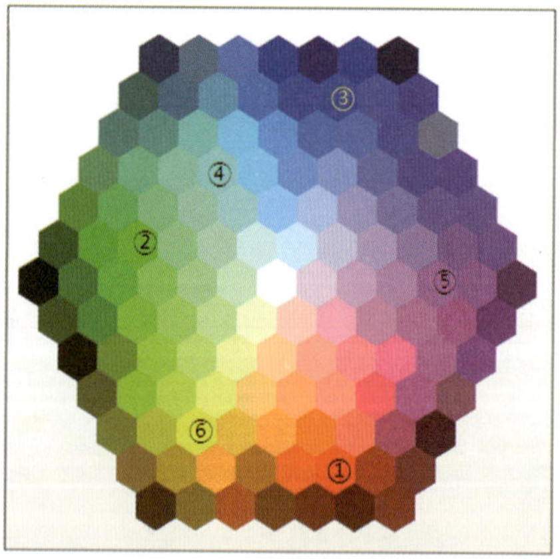

(1)

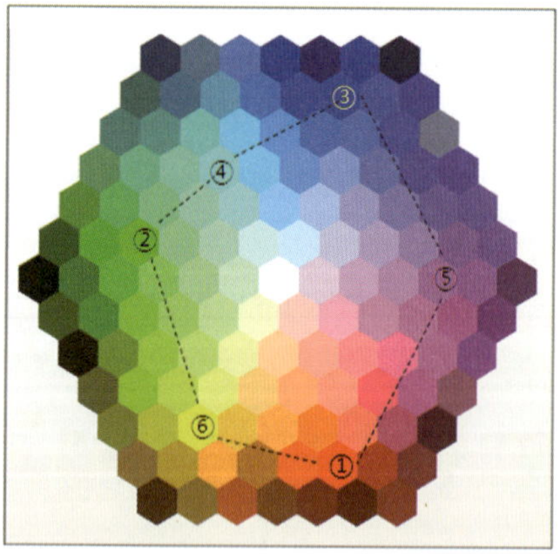

(2)

[图 13.12] PowerPoint 中的色调环

因此，在此色域之外什么色彩也不存在，但是 PowerPoint 的色调环却不是这样，所以容易让使用者混淆。这种 6 种色彩连接后构成的六角形图案既不是色彩科学中所说的色域，也没有什么其他的意义，反而会令使用者觉得更混乱。

另外，PowerPoint 的问题存在于它还是没有明确展示出色彩的三个属性，无法调节色调、亮度和饱和度。

幸运的是 PowerPoint 给出了“用户自定义”这个项目，使用这个功能就可以利用

RGB 值选定色彩和调节明暗度，但是即使这样也还是不能方便地利用色彩的三属性。

在设计 PPT 的阶段，难以选择色彩的原因还有一个，就是设计者的色彩科学知识水平还只停留在常识上，只停留在美术课上选择色彩的那些方法上。然而对于设计发表用的 PPT，色彩的利用是重点中的重点。

9. 文字色彩限制在三、四种以下

在确定了背景色之后，不要使用过多的文字色彩，最好不要超过三、四种。如果使用过多的文字色彩，可能会让看的人产生混乱的感觉。为了避免这种情况，适当地调节选定的三、四种色彩的色调、亮度和饱和度，就可以得到更好的视觉效果。

10. 确认电脑显示器和投影画面的色彩效果是否一致

背景色和文字、图表等内容的色彩都确定下来，完成了 PPT 的制作之后，下一步就应该把 PPT 投影出来，比较一下电脑显示器和投影画面的色彩效果是否一样。

因为有时候会出现因为电脑显示器的特性和投影仪的特性不同而产生的画面色彩效果不一样的情况。如果两种仪器的显示效果差别很大的话，就要考虑更换 PPT 背景和内容的色彩了。

因为大部分的发表者都不考虑这个过程，所以有时候会出现发表的时候 PPT 色彩变得非常奇怪的情况，在制作 PPT 后的最后阶段一定要确认这一点。

13.7 界面的布局控制

在设计 PPT 的时候，对于大多数读者来说，布局控制（layout control）这个词可能都是比较陌生的。

在进行多媒体发表的过程中，发表者站在听众前面不免会感到紧张和焦虑不安，因而有时会出现记不住 PPT 里的全部内容的情况。就算发表者把 PPT 的页面一张一张完美地理解了，背得滚瓜烂熟了，因为心理上的紧张不安，在发表的时候突然想不起 PPT 中某页内容的情况也是会发生的。

尤其是在使用动画一步一步地说明的时候，每个动画在新出现的 PPT 页面中的哪个地方，现在的页面结束部分在哪里等问题都有可能在瞬间想不起来，因而导致整个发表

变得不流畅，给发表带来瑕疵。

能够让发表者即使不刻意地强记 PPT 中的内容从哪儿来，到哪儿去，也能很容易地想起来的方法就是对 PPT 界面的布局控制。

如 [图 13.13] 的 (1) 左侧的两个‘♡’，在比尔 · 盖茨发表的 PPT 中代表有两个页面，右侧的两个‘★’在乔布斯发表的 PPT 中代表有两个页面。

还有在 [图 13.13] 的 (2) 中展示了有 4 个图片组合时的样子。

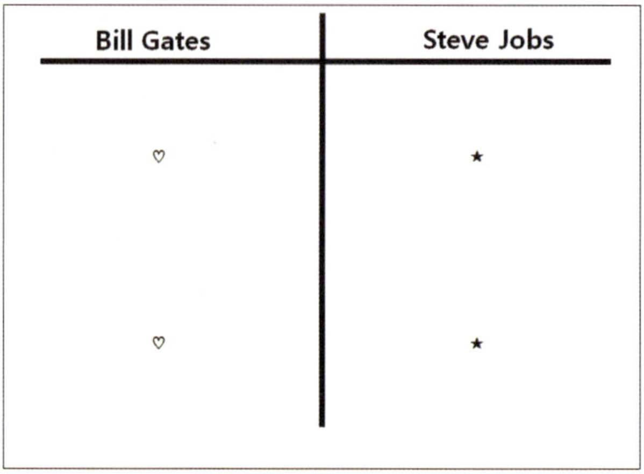

(1)

(2)

[图 13.13] 界面的布局控制

用这种方式在设计 PPT 的阶段用 ♡、♥、★、♣ 等记号去标记线图、图表等方框图或者图片的位置，事先设置好之后就可以避免发表者在说明的时候因为瞬间想不起来而变得不知所措的情况。

笔者曾经以“多媒体发表的成功战略”这个标题，在韩国研究机关和大学做了 30 多场巡回演讲，并以此为实验证实了这个界面控制的概念和方法。

13.8 时间控制

你认为对一个多媒体发表来说，什么最重要呢?

对于这个问题，因为不同发表者的价值观不同，答案也可能不同，但是一般来说答案中都会包含一个相同的重要点：遵守时间。在规定的时间里成功地完成发表比什么都重要。不管在哪个国家举行发表会，参加会议的听众最不喜欢的事项中有一项就是发表者不遵守时间。听众都希望发表者能比规定的时间稍早一些结束发表，而且大部分的发表者也知道这个如宿命一般的事实。

话虽这么说，在实际中，大部分的发表者在说明发表内容的时候，只要一开口就忘记了时间。然而，为了防止听众误会发表者自己对发表没有自信，或者误认为发表者没有诚意，发表者又不能经常地看时钟。

另外，有的发表者一旦站到听众的前面就变得紧张和焦虑不安，虽然知道自己应该按时结束发表，但却因为紧张和焦虑而完全感觉不到时间在一分一秒地过去，因而在发表时间结束时还在继续说明。

在这些情况下，如果再加上发表主持人每到一定时间段的提醒和催促，发表者就更慌张，更不能集中精神去发表了。

总而言之，每个发表者都知道应该遵守时间，但是真到了发表的时候就会因为各种原因而实现不了。能解决这个问题的基本对策就是时间控制方法。

这个方法相对来说是很简单的，首先在设计 PPT 的阶段，点击 PowerPoint 上端的 [插入]，选择 [日期和时间]，然后再勾选上“显示时间”，这样就会在 PPT 上出现如 [图 13.14] 左下端所示的“20:35”一样的时间点。同时，还会出现 [图 13.14] 左下端所示的“- 9 -”一样的页码。这样一来，页码和时间都会出现在 PPT 的下端，这样我们就能准确地知道每个页面所对应的时间，因而也就能没有任何负担地知道发表了多长时间，还剩多长时间，从而稳稳当当地进行发表。

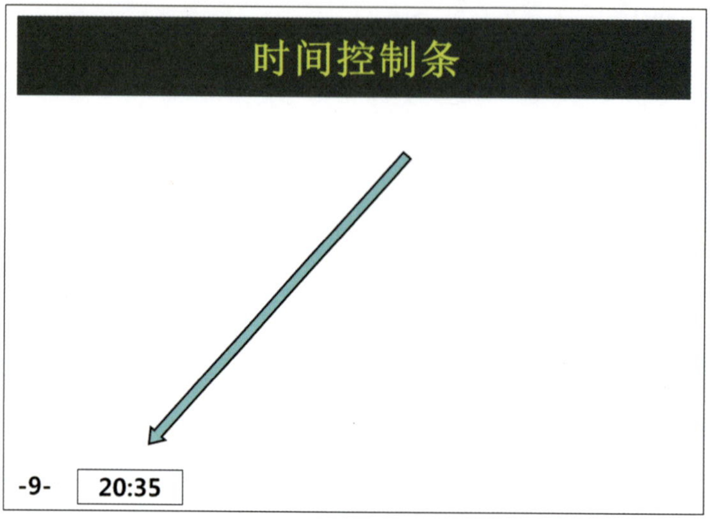

[图 13.14] 时间控制

第十四章

讲台恐惧症的治疗方法

14.1 什么是讲台恐惧症

1. 讲台恐惧症的定义

在进行多媒体发表时，发表者要在很多听众面前进行对发表内容的说明，说得更具体一些，就是大部分的发表都是发表者站在摆放在很多人面前的讲台上进行的。另外，大部分的讲台都比周围地面要高出一点，而且对于稍微大一些的发表场所来说，都还配有话筒。在这种场合下，不管是谁做发表都会感到有一些紧张和恐惧，这就是讲台恐惧症。

特别是在听众的年纪越大、社会经验越丰富、社会地位越高的情况下，发表者的心理负担会变得更大，导致发表者的讲台恐惧症更严重。

什么是讲台恐惧症？

以很多人为对象站在讲台上做多媒体发表的时候，心中会由于紧张、怯场而出现脑海中一片空白，产生心慌气紧、腿发抖、口干唇裂、口吃结巴、不敢直视听众等反应，这种心理现象就称之为讲台恐惧症。

有些情况还会使讲台恐惧症变得更严重，比如说最高管理者和主要领导们来参加发表会的时候，项目计划书的审查人员在听众席坐着并视情况决定是否批准这个项目的时候，就职面试时面试审查人员在对面坐着的时候等。

根据公布的数据，那些越追求完美主义、自我意识越强烈的发表者，他们的讲台恐惧症可能就越严重。这些发表者经常因为过度在乎发表过程中的一些失误和牛头不对马嘴的答案等而导致整个发表走向失败。

人的身体在紧张的状态下，控制人体自由活动的交感神经和能让身体安定下来的副交感神经之间的平衡就会被破坏，血液积聚到上半身，从而导致心跳加速、脸红、体温上升、出汗等现象。这是身体为了能快速应对一些突然发生的危险而做的准备，也就是说紧张感是身体为了保护自己而做出的本能反应。可见，紧张本身其实是一个很自然的现象，和这个人聪明不聪明、敏感不敏感没什么关系，并不是敏感的发表者就更容易紧张。

不用说在很多人前面进行的重要的多媒体发表让人感觉紧张，其实就连一般普通的多媒体发表上也有很多发表者出现表情紧张、口吃结巴等现象，这在现实中是非常常见的。这样的发表者也不全是性格内向的人，他们中的有些人在平时非常活泼，性格外向。演说或者演讲的高手们，或者有名的歌手们也有讲台恐惧症，这就是说只要是个正常的人，不管是谁站在很多人的前面发表都必然会有讲台恐惧症。

讲台恐惧症不是病。根据美国一所大学的调查结果，有 80% 以上的大学生对站在中间的讲台上做发表感到害怕，对一般的成人来说，这个数字就更高了，接近 100%。但是，作为一个在社会上工作的人，多媒体发表在我们的一生中就像宿命一样是必然的，是不能回避的。

因此，即将要做发表的人直面讲台恐惧症是一件理所当然的事，绝对不要认为只有自己才有这个问题，我们只要积极主动地去寻找可以解决这个问题的方法就可以了。

2. 产生讲台恐惧症的原因

a. 对重要的多媒体发表准备不充分

平时在家人、朋友和同事面前不感到紧张和怯场的人，一旦要在很多人前面做多媒体发表，就会面临讲台恐惧症的问题。

这个问题的罪魁祸首就是多媒体发表的重要性。在发表者的心中越是认为这个发表重要，讲台恐惧症可能就越严重。

这些受制于讲台恐惧症的发表者基本都有以下的共同点：

第一，不管是听众多还是听众少的发表会，发表者都没有什么发表经验；

第二，因为事前没有花充分的时间进行适当的演练，所以怀着不安的心情去做发表。

也就是说，要么是因为知道了发表的重要性，要么是因为没有足够的发表经验，或者是事先没有做好充分的准备才引起讲台恐惧症的。更简单地说，就是自作自受。

b. 追求完美的多媒体发表

如果再从其他角度去看讲台恐惧症，可以得出以下几条结论：

第一，发表者担心不能通过发表让听众的求知欲得到最大满足，有心理负担；

第二，一旦发表者表现出了一些恐惧症之后，难堪的心理会进一步增加紧张感和恐惧感。

然而，大部分的发表者发表前都还希望自己比其他的发表者的声音更清晰洪亮，比其他发表者发表得更好，但是真到了自己上去发表的时候，脑海中就变得一片空白，心情变得很沉重，全身无力，口干舌燥，浑身发抖。

其中的原因很简单，最后的胜负要根据发表结果的好坏去分出，所以谁都认为只有完美的准备才能获胜，这个负担一刻都没有消失过，一直都在发表者的心里。可以说讲台恐惧症的起因就是对完美的追求。追求完美固然好，可是过分的追求完美就会带来很多问题。

c. 以 VIP 为听众的多媒体发表

这里所说的 VIP 是指与某个项目或事业有直接关联的人。比如说肩负投资和审查之类重要任务的评价委员会的人员，或者发表者所在公司或部门的最高管理者和重要干部。

在上面所说的评价委员会或者非常重要的顾客、公司的最高管理层和重要干部面前做多媒体发表，发表者不可避免地要面对心理上的压迫感，甚至有种“就要死了”的感觉。

也就是说，就算是经验丰富、老练的发表者，在面对 VIP 发表的时候都不免出现两腿发抖、全身僵硬等超级紧张的现象。

这种情况下的发表不是那种没什么负担的内容，或者传达些信息就可以完事的那种无关紧要的发表，而是要通过这个发表获得一些重要的结果。

所以要以能说服这些 VIP 为目的进行发表，也就导致了不管是谁都会产生讲台恐惧症的结果。

d. 其他的一些具体原因

下面，我们再具体一些，逐条分析讲台恐惧症的原因，用于在解决讲台恐惧症的时候进行参考。

首先，发表者认为听众只是在关注自己，过于注重周围人的视线和想法。

其次，发表者在对发表内容没有充分的认知或准备的情况下贸然上台发表。

再次，想给听众一个好印象的想法过于强烈，同时又总是想象发表过程中可能出现的一些小失误，害怕其他人嘲笑自己。

最后，经常困扰发表者讲台恐惧症的产生原因还有一部分是因为已经习惯了一般化的日常交流环境，环境突然改变，因而产生了不安，这是在任何人身上都可能发生的。比如说，在日常生活中体格健壮、胆大、性格活泼外向的人在很多人面前发表的时候，或者上电视节目在摄像机前面的时候，或者在面试官面前面试的时候，他们也同样会感到不安。这种不安不仅是发表者的问题，而且也是交流环境的问题。

除此之外，还有其他一些原因也对解决讲台恐惧症很重要。下面我们就一起探讨一下解决讲台恐惧症的方法。

14.2 一般的简单解决方法

1. 英姿飒爽的姿态加上深呼吸

在很多人面前做发表的时候，如果发表者不能解决讲台恐惧症的问题的话，不管材料准备得有多完美，都可能派不上用场，对发表起不了丝毫帮助作用。

在还没到自己发表的时候，发表者就可能会感觉到讲台恐惧症慢慢开始来临了，正式发表之前因为紧张和焦虑，发表者甚至可能出现走路摇晃，失去重心的情况。

根据不同情况，发表者可能知道一些对付那些以紧张和焦虑的讲台恐惧症的方法，但是等到真要实战了，就又不由自主地陷入了困境。

不管是专业的还是业余的发表者，都必须逃出这种困境，因为只有这样才能成功地进行和完成发表。

首先我们介绍一个简单的方法：英姿飒爽的姿态加上深呼吸。

在很多人面前做发表时，为了解决讲台恐惧症的问题，要鼓足勇气，保持英姿飒爽的姿态，并且多做深呼吸。实战的时候，在上讲台发表前大约一分钟的时候开始做深呼吸，给大脑供应充分的氧气，让全身充满力量，勇气如泉涌一样充沛。这时候应尽最大努力多做深呼吸，也就可以获得更大的效果。

这里所说的深呼吸方法是指用鼻子慢慢地尽可能多地吸入空气，然后再用鼻子“huuu…”一下子完全呼出来，但是这时不需要发出声音。

如果像这样反复地深呼吸并保持飒爽英姿，就能真真切切地感觉到身心的变化。

在看着别的发表者在台上紧张焦虑，等待自己的发表时间到来的时候，不动声色地反复练习这些动作可以让自己在实战中变得胆大，消除胆怯的心理。

随着近来多媒体发表的重要性急剧上升，针对发表失败的一个重要原因，也就是讲台恐惧症的研究工作，也开始活跃在美国和英国的心理学家们的研究领域里了。

2. 充满自信感并做一些可以让肌肉放松的运动

还可以通过系统的训练来解决讲台恐惧症，这种训练的核心就是培养自信感。

“自信感”是最好的能把讲台恐惧症最小化的媒介。字典上对自信感的解释是“是一种反映个体坚毅地相信自己有能力成功地完成某项活动的心理特性，是一种积极、有效地表达自我价值、自我尊重、自我理解的意识特征和心理状态”。自信感的反义词就是挫折感，字典上对它的解释是“不能按照个体自己的意愿，或者不能成功地完成某项活动时，对个体自身失去了信心的心理状态”。而从心理学的角度来说，自信感和挫折感中间的距离都没有一张白纸厚，这是因为两个概念在心理学上就是能不能下得了决心的问题。因此，发表者为了能让自己充满自信感最好的方法就是自我激励和鼓励，要坚信并反复对自己说“我也能做得很好！”

在实战时，与其带着失神落魄的表情忧心忡忡地坐在那里等着即将轮到自己发表的那一刻，不如稍微做一些可以减轻讲台恐惧症的努力，持续地做这些努力才是积极对待发表的方式。因此要坐下来在心里反复默念下面这些能培养自信感的话。

“我尽了最大努力准备，也进行了充分的演练才来到这里，我比任何人都有能力去成功地完成这个发表！”

“看了刚才这个人的发表，我确信我能比他发挥得更好！”

“在这个发表内容领域，我的知识水平是最高的！”

越是感到紧张的时候，越是不要傻傻地坐在那里等着越陷越深，可以适当地做一些可自我放松肌肉的简单动作，在一段时间里坚持做这些运动会给解决讲台恐惧症提供更大的帮助。

3. 对失误的反应不要过于敏感

另外，想要解决讲台恐惧症还需要改变固有的思想意识，做好会出现失误的心理准备。失误其实没什么大不了的，但是大多数的发表者却在等待自己发表时间的过程中越来越担心和害怕产生失误。

“我肯定会比这个人失误更多！”

“如果发表的过程中出现失误了该怎么办？”

“我要是失误了，领导们会鄙视我的！”

诸如此类的困扰思路的想法都是有百害而无一益的，荒谬可笑的瞎担心。

“失误乃是兵家常事”，在多媒体发表的过程中不管是谁发表都可能出现失误。听众们不仅不会过多关注发表者的失误，而且就算发表者出现了失误，听众也不会刻意地去记住，当然这里的失误不是说那种致命性的失误。

大多数情况下，发表者犯下的那些小失误都是发表者自己把问题放大了，而听众其实并不觉得是有什么大不了的。而且能长时间记住那些失误的人也都是发表者自己，大多数的听众都不是很在意这些与自己没有直接关联的小细节，在发表结束的那一刻，他们也基本上把什么都忘了。

假如发表过程中发表者出现了一些小失误，大多数的观众都只是瞬间关注一下立马就抛之脑后了，但发表者自己却把它藏在心里，一直耿耿于怀，这样极易导致发表者在下一张 PPT，甚至下一个发表中再度出现失误。

先不说听众本来就不期望发表者能够十全十美地完成发表，就算是发表者十全十美地完成了，他们也不会对发表者有什么特别的礼遇。清楚地记住这个事实，彻底抛弃以前的“一定要达到完美”这个强迫观念才是最正确的方法。大部分的听众还是很有人情味，很宽容的，他们都很能理解别人，也很有雅量。

在有的情况下也会有一些人喜欢取笑出现失误的发表者，但是，如果发表者的失误不是严重地脱离了常识，不是长时间持续性的，不是让听众感到不愉快的，一般都不会发生这种情况。因此，对那些不是特别严重的失误不要反应过于强烈，也不要长时间地憋在心里。

4. 其他方法

基本上所有人遇到让人上火的事，或者觉得困了的话都喜欢用冷水洗脸，这是因为用冷水洗脸是刺激大脑的最简单的方法，因此这个方法也是所有人面对讲台恐惧症时都可以很容易尝试的最基本的方法。

大部分的发表者在自己发表之前的那段等待时间里大脑都是很活跃的，在不停地运动，用一个词形容就是非常复杂。这其中包括担心、紧张、焦虑等，它们慢慢地越来越严重，最后就变成了讲台恐惧症。

在这种情况下，如果陷进担心、紧张和焦虑的烂泥中而又没有任何对策的话，何不尝试着去做些什么可以最小化或者解决讲台恐惧症问题的行动呢？

首先，可以用凉水洗洗脸。在离发表还有一定的时间的情况下，这个方法瞬时就可以奏效，可以在消除担心、紧张和焦虑的同时让头脑变得清醒。心里念着“我也可以做得很好”，从而改善对自己不利的局面。

第二，去一下卫生间。这是缓解紧张情绪时经常使用的方法，不妨一试。

第三，反复持续地做深呼吸。根据心理学的研究结果，持续的深呼吸可以使自由神经安定下来。

第四，通过持续地对手部、脚部、腰部、颈部等部位进行局部甚至全身运动来消除紧张和焦虑感。

第五，持续和其他发表者或者同事聊天。

第六，最好由发表者亲自跟听众坦白说自己现在实际上有些紧张。这时需要注意的一点是，不要太尴尬和别扭，最好能很自然的说出来。这虽然也是一种告白的话，但是听众可能反而会耸耸肩做出比较肯定的反应。因为不论是谁都可能经历同样的感受，因此也就能理解发表时会变得紧张和焦虑的现象。

第七，可以服用事先准备好的安定剂。对于那些在多媒体发表时有比较严重的讲台恐惧症经历的发表者，应急的方法中还可以加入这一条。

14.3 利用实战经验的解决方法

1. 试着把自己的行动方式变成外向和积极主动型

一般来说，参加群体活动的人按照性格可以分为两种：积极主动地参加各种活动的外向性格的人和比较消极的内向性格的人。

内向性格的人在群体活动中很少说话，甚至只有在轮到自己的时候才开口说话，准确地说是他们更倾向于逃避发言。

"我天生就是在很多人面前会变得紧张，不会说话！"

相反，外向型性格的人给人的印象就是经常站起来走过去握起话筒，可能的话，会尽自己最大努力地去说很多话。

外向型性格的人总是积极主动地参加多媒体发表，并且能不紧张也不焦虑地成功完成发表。

现在再来看内向型性格的人，一般来说，他们都相对比较消极不主动，虽然他们当中还是有一些人在发表时并不显得紧张和焦虑，但是大多数内向型消极性格的人还是会在发表开始前感到紧张和焦虑的，也就是说出现了讲台恐惧症。

有这种性格的人最好从现在开始，在很多人参加的群体活动中试着改变自己的行动方式。应该养成这样的习惯：针对会议的主题在事前做了充分的资料调查和收集之后，在实际的会议上应该准确地把自己的想法和意见展现出来。可能在开始的几次因为紧张和焦虑的原因有说不出话或者说话吞吞吐吐、出汗、两腿发抖等窘态，不能按照自己的意愿说出想法和意见来，但是，如果反复地有这样的机会，不知不觉地你就慢慢地变得可以游刃有余地去发表自己的想法和意见了。

在其他的集会或群体活动中也紧紧地握住话筒，试着去说些笑话，如果有唱歌的机会，还可以唱首歌，甚至一些看上去“比较傻”的歌曲，通过这些行动方式，甚至可以产生比与这些变化的行动还要大的变化。如果像这样改变了行动方式，那么发表对任何人都不是难事了。

事实上，如果仔细想想的话，其实也没什么特别的，是不是因为很多人对讲台恐惧症有些人云亦云了呢?

问题在于，对于那些内向型消极性格的人来说，他们的行动方式已经成了老习惯了，想在一两天内改变是不可能的。可以一次一次地用积极主动的思考方式，去试着实现变成外向型性格这个像蜕变一样的梦，总会有一天突然发现自己已经改变了很多。那么，就让我们从现在开始，试着去改变自己的行动方式吧！

2. 实战经验最重要

想要在有很多人参加的会议或者发表会的场合不发抖，潇洒自如地说话，最简单的方法只有一个，那就是经常上去拿着话筒进行实战演习。只要一有机会就不要逃避，或多或少地说一些话，即使有一些失误发生也无所谓，要通过这样的做法累积经验。

经常参加一些让人产生负担，让人难为情，让人发抖，甚至让人有些害怕的群体活动，通过实战在很多人面前说话，时不时地出现一些失误，也尝试尝试说话时被掌声和喝彩声打断的感觉，通过这些直接的尝试可以体验一下属于你一个人的惬意，同时也可以丰富自己的经验。

对于那些有严重的讲台恐惧心理的人来说，不管他们再怎么学习理论上的解决方法，就算背得滚瓜烂熟，到了实战的时候都不会起到任何效果，只有经常体验实战才是最好解决方法。在实战中因为失误甚至失败而产生遗憾，也不要躲避和气馁，这时如果采用更积极主动的方式去对待，反而会更快地找到解决问题的方法。

在大大小小的群体活动场合，简单的一句问候或者简单的说明和对话，虽然看似无关痛痒，没什么了不起的，但是经常做并养成习惯就受益匪浅了。试着做同学聚会或者结婚仪式的主持人也是可以增加发表胆量的好方法。参加这种聚会的人基本都是朋友或亲戚，所以发生小的失误的时候可以撒娇一下就掩饰过去了，也许在不知不觉中就能把主持的工作做得很好，得到他们毫不保留的夸奖。这个时候，在自己都不知道的情况下，自信感就会在自己的内心世界疯狂地成长；也就是说，这些场合都是可以使自己的实力得到认可的契机。

现场物语

以下这样说可能有些自我炫耀的嫌疑。本书其中一位笔者在初三的时候担任纪律委员，每周一都会在运动场上等校长结束了他的训示之后登上讲台，以纪律委员的身份发表对上一周的“生活反省”。此后，在高三担任学生会会长的时候，都数不清有多少次登上有全校学生聚集的活动场所的讲台上进行演说。在大学毕业参加工作之后，笔者还为初中、高中、大学的校友主持了 110 多回的婚礼。

这些经验都成了讲台经验，使笔者不管在什么性质的多媒体发表场合都没有出现过讲台恐惧症，成功地完成了各个发表。现场实战经验是多媒体发表最基础的基础，因此一旦有机会在很多人面前说话，千万不要躲避，积极主动地上去说才是最好的，就算是台下有人喊“滚开，到一边玩儿去”，也不要在意，左边耳朵进，右边耳朵出就可以了。

这里，我们引用一个演讲专家的话：“真正的勇气不是不害怕，而是明明害怕还去做！”

14.4 通过演练的解决方法

在实际工作中，多媒体发表的准备过程大部分都是小组成员一起完成，但是多媒体发表的最终发表工作还是要靠发表者自己坚持到最后去完成，因此担任多媒体发表中最重要的角色的就是发表者，我们担心的问题是：发表者的发表能力如何？也就是说，发表者有多少信心可以准确地将信息传递给听众，征服听众，这取决于发表者。并不是说发表 PPT 做得很出色，做得辉煌灿烂，就可以保证将信息准确地传递给听众，就可以保证能征服听众。

如果发表者的能力很强，他们就会在确切地理解要转达的信息并将其记在脑海里之后，充满自信，毫不犹豫，充满热情地将信息传递给听众，去征服听众。

如果是对发表不熟悉，或者是对发表内容没有完全消化，发表者就会因为感到紧张和焦虑，两腿发抖，不能正常地说明发表内容。结果就会遗漏了很多本来需要说明的内容，或者是该强调的地方没有强调就跳过去了，犯下各种失误，最后导致整个发表的失败。

当然，如果发表者在发表的准备阶段就投入了大量的时间去理解发表内容，并且做了事先练习，那么他们就可以很有自信地流畅地传达发表内容，从而征服听众；而没能这样做的发表者，他们在发表的时候会深深陷入紧张和焦虑当中，甚至不能流畅地说出来，最后自己逃下讲台。

因为种种缘由，我们才特别强调事先演练这个必须要做的工作。

◣现场物语

对多媒体发表来说，事先演练到底有多重要，为什么一定要做到充分的演练，对这个问题做出明确回答的不是别人，正是苹果公司的前 CEO 乔布斯。根据美国的多媒体发表专业讲师 Carmine Gallo 的视频等发表资料记载，乔布斯为了准备一个小时的产品说明会，至少投入 200 到 300 个小时的时间用在事先演练上，这也就从侧面证明了事先演练的重要性。

现在我们就为了保证发表的成功，对事先演练进行更具体的探讨。

事先演练就是为了防止产生讲台恐惧症，能在发表时用洪亮的声音进行流畅的发表，而在发表前投入充分的时间去进行练习。

事先演练不是大致练习练习就可以。采用大致的方式进行的演练，就算做上数十遍或者数百遍，其效果也只能是个未知数。虽然比起不做事前演练要好一些，但相较投入的时间和精力来说，其效果就显得不值了。从另一方面来说，谁也不敢保证这样的演练会有很好的效果。

那么，事先演练到底怎么做才算做好了呢?

首先，要用和实际发表一样的发表方式去练习。这就需要在规划阶段就建立完整的计划，在哪张 PPT 页面的哪个内容项目上采用什么样的眼神和表情、什么动作等，都要按设计方案真实地模拟发表现场。这也就是前面介绍的，用讲故事的方法对发表做事先演练。

其次，利用检查要点清单去演练(这里对“检查要点清单”的理解可以参考本书最后部分对事先演练的详细介绍)。对观看事先演练的人来说，如果没有任何思考地去观看和聆听，就等于是不知道实际演练的本质和意义，也算是一种失误。演练时的听众对发表者的演练内容，应该进行一点一滴认真细致的观察，记下一条条需要探讨的检查点，做出一个检查点清单，这样才能真实地掌握实际发表的情况，以备检讨和分析发表者的发表有哪些需要改进和加强的地方，在下一次的演练中进行完善。

第三，用摄像机把发表者的演练过程记录下来，然后让评价演练的人和发表者坐在一起分析和检讨整个演练的过程和结果。

▶ 现场物语

2011 年 7 月 6 日在南非共和国的德班 (Durban) 举行的 IOC 上，韩国的平昌郡被选定为 2018 年冬季奥林匹克的举办地，最后在分析平昌之所以竞选胜利的原因时，韩国奥林匹克组委会的成功发表被认为起到了重要的作用。

在这个重要的发表中，包括韩国总统李明博、平昌奥运会申办委员会委员长赵亮镐、韩国体育协会会长朴永兴、体育选手金妍儿、发言人罗胜研等 8 名发表者在内的韩国发表团进行了每人大约 10 分钟的多媒体发表。据报道，为了准备这个发表，他们进行了大约 100 多回的事先演练，从而最终为平昌的成功竞选立下了汗马功劳。

特别是赵亮镐委员长，为了克服“讲台恐惧症”，专门请了英国的演讲专家指导训练，抱着不惜流血流汗的决心反复地练习，让大家不得不感动地拍手叫好。这就是一个证明可以通过系统的、反复的事先演练最终达成目的的最好实例。

14.5 通过自我想象的解决方法

▶ 现场物语

从几周甚至几个月之前就开始孤注一掷地制作 PPT，幸运的是终于在发表的前一天晚上把 PPT 做好了，但是发表就在明天，所以连夜大致看看 PPT 的内容就算练习了发表。这就是所谓的用眼睛“大致浏览的事先演练”。

终于到了发表的这一天，发表者走上讲台开始发表。一站在讲台，发表者就突然感到紧张和焦虑，脑海中一片空白，心中不由自主地感到慌张。同时双腿也开始抖起来，嘴也开始不听使唤，甚至都找不到身体的重心了。不仅如此，他们往往还在说话时显得没有自信，心里不安。这样一来，他们在发表自己的主张时就显得没有什么自信，听众的反应也就冷冷淡淡的，对发表者的主张没什么反应。

“到底发表者在说些什么呢？！”

谁都可能遇到这种情况，针对这种情况的第一种对策我们已经在前面的事先演练的章节里具体介绍了。首先进行充分的事先演练之后再进行发表才是正确的做法。

然而，如果发表者不仅没有什么发表经验，而且性格也是内向型的话，那么不管做了多少事先的演练，到时候还是会出现讲台恐惧症，变成毫无防备的状态。

针对这种情况，心理学家们研究出了一种想象训练法。

所谓的想象训练法是指利用大脑的错觉系统试着对未来进行提前体验，也就是在脑海中想象未来的某个瞬间将会发生的事情的画面，积极主动地使画面向肯定的方向进行，以获得一个让人满足的未来结果，并在现实中认同和接受这个结果。这是一种比较功利的训练方法，我们会在下面对这种想象训练法可能的使用背景做更详细的介绍。

研究结果表明，我们人类的头脑是不能区分现实和想象的。头脑就是一个装满错觉的大罐子。下面我们通过几个例子来说明这句话的意思。

试着想象这样一个场景：波光粼粼的蔚蓝海面，茂密的椰子树中的一家酒店的野外餐厅，你和你所爱的人面对面坐着，刀子在“medium well-done”的最高级的牛排上来回移动，发出“格叽格叽”的声音，然后又端起最高级的葡萄酒甜美地喝了一口，陶醉在浓郁的葡萄酒的香味里……想了这么多，你的脸上是不是开始出现甜甜的微笑，嘴里是不是开始有口水流出了？

这种现象就是我们人类头脑的错觉。根据心理学家的发表资料，我们人类的头脑是不能区分现实和想象的。不管脑海中所出现的画面是现实还是想象，我们的大脑都是用同样的神经回路去处理并向身体的其他各个器官发出相关指令的。

想象美味的食物，就会流口水；想到喜欢的宝石，脸上就流露出自己戴上会是什么样子的好奇的表情；想到心爱的人，脸上就发热变红，这些反应都是大脑的错觉造成的。

也就是说，在脑海中出现的想象最终都会和现实中的体验结合到一起。通过这样的过程，就可以达到想象训练的效果，其理论基础就是我们人类的头脑是会产生错觉的。

现在我们把上面的内容整理一下，灵活利用大脑的错觉系统就可以通过在脑海中的想象提前体验未来。利用这个方法，把希望在未来发生的事情在脑海中栩栩如生地想象出来，通过大脑错觉系统的作用，就可以在现实中认同和接受这个想象中的未来。

下面我们更具体地解释想象训练法。想象训练法也可以叫做“心上画法”，是灵活利用心理作用去消除紧张感和焦虑感，解决讲台恐惧症的方法。通过学习这个方法，发表者不仅可以通过平时经常定期的练习来达到效果，就连在发表前临时抱佛脚地去练习一下也能收到不错的，甚至很好的效果。如果情况允许，闭上眼睛想象效果会更好。还有，在使用这种方法时配合深呼吸，也是可以极大提高效果的一个秘诀。通过反复的练习之后，坚信一切都会按照想象的进行，那么发表者无论在心里还是脑海里都会充满强烈的自信感。

Simon Reynolds 对于“想象训练的重要性”做过如下的介绍，虽然和多媒体发表没有什么直接的关联，但是对想象训练的效果的理解还是很有参考价值的。

几年前，一个叫做“Research Quarterly for Exercise and Sport”的体育研究杂志曾经刊登了一篇由某位科学家写的对一些新学生进行投篮练习培训方法的实验报告书。

对第一组的学生的训练方法是：在球场上设定好投篮距离之后让学生们进行实际的投篮练习，练习时间为 20 天；

对第二组学生没有任何的练习要求；

对于第三组学生，让他们在脑海中反复地想象自己投篮成功的过程和场面。

训练结束后让三组学生都到篮球场进行投篮，并将结果记录如下：

第一组的学生投篮成功率提高了 24%；

第二组的基本没有变化；

第三组的投篮成功率提高了 23%。

从这三个小组的结果可以看出，第一组和第三组都取得了让人刮目相看的好成绩。

特别值得关注的是第三组，连篮球碰都没碰，仅凭着反复的想象训练就取得了和第一组学生不相上下的好成绩。

对于这个结果我们可以这样进行解释，第三组的学生们把自己想象成了优秀的篮球运动员，在脑海中持续地灌注着这个想法，并不断对投篮练习进行想象。大脑的错觉系统就误认为学生们在现实场地中进行比赛，并且大脑也认为自己就是一个优秀的篮球选手，也就理所当然地指挥身体其他部位相互协调，维持整个身体都处在一个优秀的篮球选手的状态水平上。

对这一点，我们还可以从心理学角度进行论证。

头脑生理学家，John C. Eccles 博士曾经发表过如下的见解。

“不管学习什么，神经都会在大脑组织中形成一个有着独一无二的形状的记忆环，也就是说这个记忆环就是头脑中的‘记忆’。无意识是指大脑因为区分不了实际经历和想象中的经历，因而也就不能区分通过想象训练而得到的神经记忆环和通过实际运动而产生的记忆环。也正因如此，头脑就对新形成的形状不完整的记忆环进行修复，使之成了相当于实际运动而得到的记忆环。”

在这样一个事实被公开之后，许多奥林匹克选手为了取得好的竞技结果，都开始利用大脑的错觉系统进行想象训练，最后也在实际比赛中取得了很好的成绩。

我们希望要做多媒体发表的读者们也尽可能地利用这个方法，也就是想象训练法，获得自己想要的好结果。

针对即将要开始的多媒体发表做想象训练的方法大致可以分为两种。

第一种是在完成 PPT 的制作之后的演练过程中，反复想象自己在发表那天的模样，并且是一个成功发表的模样，一个自己从听众的掌声和喝彩声中获得自信感的模样。

第二种方法就是在实际要做发表之前，在等待自己发表的时间到来的那段时间里，反复想象自己很棒的模样，想象因为感动而拍手叫好的观众，想象自己获得充足的自信感的情景。

用这样的方式进行想象训练，大脑的错觉系统就会工作起来，积极主动地去感受成功的未来，讲台恐惧症也就会消失得无影无踪。

下面的内容是在想象训练过程中可以反复默读的语句，希望大家能没有负担地记下来，在紧要关头活学活用。

我非常享受这个多媒体发表！

我一定会成功完成这个发表的！

我在面对困难的时候反而更有热情和力量！

我已经具备了很高的发表实力！

越是大规模的多媒体发表，我越具有能侃侃而谈的自信！

第三部分

多媒体发表的现场表现

第十五章

多媒体发表的现场表现——口头陈述

15.1 现代人和口头陈述

口头陈述的定义

- 口头陈述的英文是 Oral Presentation，也叫做口头发表、口头发言等，下面在本书中将混用这些表述。
- 所谓多媒体发表，就是发表者为了达到既定的目标，在规定的时间内，通过视听媒介，将自己想传达的事实、信息，以及自己的主张、意见、想法等进行准确清晰的说明和表述，让听众理解，并且引导听众得出自己预设结论或效果的交流沟通活动。

✪ 核心要点

对于做发表，一般人会认为，无非是在 PowerPoint 中利用文本、声音、图片、图表等表现要素将内容制成漂亮的 PPT 演示文稿，就算大功告成了。如果发表规模再大些，最多就是需要加几个人，然后再加上几天时间而已。

可是，要做成真正能说服或者感动目标听众的发表，不单单只有这些内容。准备不足、发表者能力不足导致发表不成功的事例比比皆是。

现代社会的一个现象，就是在大量要求高质量发表的同时，相应的社会教育和专门培训缺乏。本书正是从这种时代需求、社会需求出发而策划的培训教材。

15.2 如何做好口头陈述?

多媒体发表的重要性

- 在现代社会中，口头发表已经超越了单纯的发言和陈述，成为评价个人、团体或者企业、机关表现能力的一个重要指标。

- 同时，多媒体发表被用作个人之间，团体、企事业单位之间形象竞争工具的事例也在大幅度增加。因此，不单是求职的大学生，就是在职员工都把“多媒体发表”能力作为个人就业和提高竞争力的一个必要条件。
- 如今，在高校里面的授课、讲座，国内、国际各种学术会议研讨会，政府部门、事业、科研单位里的审查、评审会议等场合都需要多媒体发表。为什么？因为都需要在这些场合说服：说服对方理解自己的观点，说服对方同意自己的观点。
- 将我知道的、我想到的、我了解的、我发现的、我希望的内容通过演讲幻灯片准确地传达给听众，只有通过正确的演讲方法才有可能实现。
- 古往今来，演讲和发表一直都被重视，以后也将会变得更为重要。比其他人更有效更成功地进行演讲和发表的人将会更成功。这一点，无论在哪个专业领域都是一样的。
- 对科研单位、企业和政府机关而言，在如今的商业世界中，知识、技术、经验、组织能力等各种能力虽然很重要，但在进入后现代社会的当下，基于演讲和发表的沟通能力变得更为重要，高效的演说能力已经成为获得信任走向成功的通行证。
- 特别是被称为“商业沟通之花”的演讲，不仅需要流畅地谈吐，还要通过各种视听设施，准确地向听众传达预定信息，以达到预定目标。
- 最近，企业的最高管理层到商业活动现场，亲自介绍本企业并说明相关业务的事例在逐渐增多。这些活动的效果也被作为评价最高管理层管理能力的一个重要元素。
- 虽说多媒体发表的能力是作为现代人都应该掌握的基本技能，但现实却不尽如人意。造成这种现象的原因一般归结为中国人的内向性格和“填鸭式”的学校教育的结果，但最根本的原因还在于个体缺乏对演讲的积极姿态欠缺，以及自身努力不够。
- 一直到高中的教育都是以背诵记忆为主的“填鸭式”教育，导致没有必要进行演讲。大学里，除了极个别的学科外，对学生利用工具软件在大众前面进行多媒体发表的技能，既无课程培训，也无具体要求，导致学生对演讲知识“学习无门”。
- 正如前面所说，多媒体发表作为现代社会的“沟通之花”，就是发表者将自己预先设定的意图和信息，通过相应软件工具和视听设备向听众高效地准确地传达的活动。这就要求发表者不要以为准备好演示资料、简单地流畅地完成演讲就可以达到目的。

- 现代社会中，多媒体发表是每个人都能做也有机会去做的，要想做好多媒体发表，就必须系统准确地掌握发表方法。但是，对发表方法进行系统地完整地学习并深刻体会的人极少，大部分人还是通过从周围听来的“只言片语”式的“知识”，或者通过学习别人现场发表时的失误和教训来体会发表方法。
- 不单是在商务领域，即使在其他领域中，需要系统有效地进行多媒体发表的情况也是不胜枚举的。在教育、审查、面试、协商、讨论、介绍、说明等会议场合，为了“准确地表达自己的信息并说服对方”，需要非常优秀的多媒体发表能力。
- 本书的核心内容就是讲解如何利用 PPT 幻灯片来做多媒体发表的方法。用 PowerPoint 制作了很出色的 PPT 演示文稿，但因为多媒体发表技巧不佳而造成说服对方失败，大部分情况下这样失败的结局是注定的，结果就只能是：在准备的发表材料上所下的功夫和所投入的时间和努力都付诸流水，后悔不已……
- 如果读者真心渴望在多媒体发表上取得成功，那么请精读本书并彻底理解，将这些让人信心百倍地、流畅地进行发表的做法烂熟于心，这是成功进行发表的捷径。

核心要点

读者在阅读本书的时候要杜绝两种心态：

1. 认为多媒体发表很简单。

由于多媒体发表需要专业领域内的知识很多，即使本身是专家或是名家，也并不一定就能把多媒体发表做得很好。

2. 对多媒体发表的学习怀着一种无所谓的态度。

“我又不想成为专家，况且也没有什么特别的场合需要用它，只要粗略地了解一下就成了”，这种想法也要坚决地摒弃。

笔者一直都希望能有声有色地把多媒体发表做好，让听众都成为笔者的支持者。为了那些不知道多媒体发表该从何处着手的读者，我们执笔编写了此书。即使你在阅读本书之前没有任何知识和经验的积累，但只要把本书的内容逐章阅读，仔细地研究，并加以练习，你就可以成为优秀的发表者。

第十六章

开始阶段

16.1 发表场地的室内照明

发表现场的灯光不要太暗

投影 PPT 幻灯片内容的屏幕周围要布置得暗一些，而场地后半部分空间的灯光一定要打开。

- 发表现场漆黑一片，听众看不到发表者，发表者也看不到听众。这样的状态下，发表者和听众之间的交流就变得很困难。
- 如果发表者的表情、手势，听众的各种瞬间反应等都被淹没在黑暗中，发表者和听众之间的交流就会变得不可能。如果这样，不单会使演讲的生动感大打折扣，就连准确的信息传达都会变得很困难。
- 更严重的问题是，听众们会因此很容易发困。如果是午饭过后进行的发表，发困现象会更加严重。

16.2 发表者位置的选定

做多媒体发表的时候，发表者站在什么位置最有效呢?

使用投影做多媒体发表的发表者，在投影左右两边哪一边是最有效果的呢?

✪ 核心要点

大多数的发表者，在其他人发表完之后，就不假思索地直接站到之前的发表者所站的位置上，根本没有想过右边与左边哪一边更适合自己的问题。

事实上，发表者的位置选择是为达到有效发表最先需要考虑的事项。

16.3 使用投影屏幕的环境

1. 发表者不要正对着屏幕站立

- 不管在什么情况下，发表者都不要站在挡住屏幕的地方。

如果发表者站在屏幕的正面挡住屏幕，听众们会感觉非常郁闷，这是因为屏幕上投影的内容也会被发表者挡住。

2. 发表者应紧贴着屏幕站立

如 [图 16.1] 的 (1) 所示，发表者要紧贴着屏幕站立。如果象 [图 16.1] 的 (2) 那样，发表者站在演讲台后面进行演讲讲解，听众们的视线就需要在发表者和屏幕之间来回游移，因而导致注意力分散，进而就会导致听众跟不上发表的内容。

3. 惯用右手者（正常人）的情况

- 使用手持话筒时，发表者在对着屏幕看的时候，须站在屏幕的右侧。

左手拿着麦克风，右手拿着遥控器或指示棒，发表者在指示屏幕上发表资料的情况时如 [图 16.2] 的 (1) 所示，发表者面向屏幕看的时候请站在屏幕的右边。

(1) 发表者紧贴着屏幕站着的情况

[图 16.1] 发表者和屏幕之间的距离

(2) 发表者站得离屏幕很远的情况

[图 16.1] 发表者和屏幕之间的距离（续）

✪ 核心要点

惯用右手者（正常人）面向屏幕站在右边进行多媒体演示，发表者如果需要对着屏幕的时候，稍微向右扭转一下身体就可以了，这样听众就不会看到发表者的后背，并且发表者自己的右手臂也不会挡住自己的身体，右手对屏幕做指示姿态也会表现得很自然，这样发表者与听众的交流也能自然而然地建立起来。

可是，如果反过来，正常人面向屏幕却站在左边，如 [图 16.2] 的 (2) 所示，左手拿着麦克风，右手指示屏幕。这种情况下，发表者为了用右手指示屏幕，肩膀也需要一并转过来，这样就成了发表者背对听众的情况，发表者与听众的交流就变得不自然。

从人体工程学的角度来看，正常人站在屏幕左边进行发表也不合理，所以惯用右手的发表者一定要站在屏幕的右边。

这样站好以后，如果需要配合肢体动作，发表者可以把拿在手里的指示棒放到口袋里，很自然地用右手配合发表做自己想做的动作。

- 使用那种“领夹式无线麦克风”（夹在衣领上的麦克风）时，发表者也应该站在屏幕的右边。

发表者左手空着，右手贴着屏幕指示发表资料，看着屏幕进行讲解，这时候站在屏幕的右边，从人体工程学的角度来考虑也是合理的。

有时候为了与听众进行交流，指示笔或指示棒可以暂时放在口袋里，两只手同时做动作也很自然。

(1) 惯用右手的发表者（正常人）站在屏幕的右边，左手拿着麦克风右手指示屏幕的情况 (O)

(2) 惯用右手的发表者（正常人）站在屏幕的左边，左手拿着麦克风右手指示屏幕的情况 (X)

[图 16.2] 屏幕前面的发表者位置

(3) 惯用左手的发表者 (左撇子) 站在屏幕的左边，右手拿着麦克风左手指示屏幕的情况 (O)

(4) 惯用左手的发表者 (左撇子) 站在屏幕的右边，右手拿着麦克风左手指示屏幕的情况 (X)

[图 16.2] 屏幕前面的发表者位置（续）

4. 惯用左手（左撇子）的发表者的情况

- 使用话筒面向屏幕的时候，发表者必须站在屏幕的左边。这种情况同上面的惯用右手的发表者的情况在基本原理上是相对应的。

右手拿着麦克风，左手拿着遥控器或指示棒，对着屏幕讲解时，请如 [图 16.2] 的 (3) 所示，站在屏幕的左边。

✪ 核心要点

惯用左手的发表者（左撇子）需要面向屏幕进行发表时，右手握着麦克风，左手指示发表资料，面向屏幕的身体只需要转过来一点即可，这样既不会背对着听众，左手也不会挡住自己的身体，左手指示屏幕的姿态也会表现得很自然，发表者与听众的交流也自然地建立起来。

和上面情况相反的是，如果惯用左手的发表者面向屏幕却站在右边，如 [图 16.2] 的 (4) 所示，右手拿着麦克风，用左手指示屏幕。这种情况下，发表者为了用左手指示屏幕，肩膀一并回转，发表者身体就会背向听众，无法与听众自然交流。

从人体工程学的角度来看，惯用左手的发表者站在屏幕右侧发表也不合理，所以一定要站在屏幕的左边。

这样的情况下，需要有肢体动作配合的时候，发表者可以把拿在手里的指示棒放在口袋里，很自然地用左手配合发表做自己想做的动作。

- 使用那种“领夹式无线麦克风”（夹在衣领上的麦克风）时，惯用左手的发表者也须站在屏幕的左边。在右手闲置左手贴着屏幕指示发表资料的情况下，惯用左手的发表者站在屏幕的左边，这样从人体工程学的角度考虑也是合理的。

这样的情况下，为了与听众进行交流，把指示笔或指示棒放在口袋中，用两只手做手势的时候更加自然。

16.4 不使用屏幕的环境

不使用激光投影仪的时候，发表者站在哪里会更好呢？

没有屏幕的情况当然要站在舞台的中央！

在不使用屏幕进行演讲的情况，发表者选择的正确位置是舞台的中央。

最近很少有不利用激光投影、屏幕投影进行发表的情况，如果这样的情况发生了，对于发表者来说，最重要的位置是舞台的中央。

16.5 灵活运用演讲台的方法

发表的时候，整个舞台的布置以屏幕为中心，演讲台安放在屏幕的左边或右边，演讲台上一定要摆放好麦克风、笔记本、便签等。

演讲台的布置要以不成为发表者的障碍为原则，安放在合理的位置。请牢记：在PPT 发表现场设置的演讲台不一定适合在发表中使用。希望各位能好好熟悉下列灵活运用演讲台的方法。

1. 不要被演讲台的位置束缚住

- 丢弃必须要在演讲台跟前发表的固定观念
- 不能移动演讲台，就移动您自己的身体
- 演讲台摆放在屏幕左侧的情况

惯用左手的发表者（左撇子）径直站在演讲台一侧。

演讲台对着屏幕摆放在屏幕左侧的情况下，惯用左手的发表者 (左撇子) 请径直朝着它走过去（参考 [图 16.3] 的 (1) ）。

惯用右手的发表者（正常人）手持麦克风，站在演讲台的对面、屏幕右侧。

演讲台对着屏幕摆放在屏幕左侧的情况下，惯用右手的演讲者请拿起演讲台上的麦克风朝演讲台对面的屏幕右侧走，因为在用右手指示屏幕上的发表内容时，发表者以正面朝向听众，这样才是合理的。

(1) 惯用左手的发表者（左撇子）站在演讲台一侧

(2) 惯用右手的发表者（正常人）站在演讲台的对面一侧

[图 16.3] 发表者随着演讲台的位置不同而选定自身的站立位置

(3) 惯用右手的发表者（正常人）站在演讲台一侧

(4) 惯用左手的发表者（左撇子）站在演讲台的对面一侧

[图 16.3] 发表者随着演讲台的位置不同而选定自身的站立位置（续）

如图 [16.3] 的 (2) 所示站在屏幕的右侧发表，可以更好地和听众相互交流。

- 演讲台设置在屏幕右侧的情况

惯用右手的发表者（正常人）径直站在演讲台一侧。

演讲台安放在屏幕的右侧时，惯用右手的发表者（正常人）径直站在演讲台一侧（参考 [图 16.3] 的 (3))。

惯用左手的发表者（左撇子）手持麦克风，站在演讲台的对面、屏幕的左侧。

演讲台被安放在屏幕右侧的时候，惯用左手的发表者（左撇子）请手持麦克风朝演讲台相反的方向、屏幕的左边走。这是因为左撇子用左手来指示屏幕上发表的内容才是合理的，讲演者不用背朝听众，就可以和听众们面对面交流。

如 [图 16.3] 的 (4) 所示，站在屏幕左边发表可以更好地和听众相互交流。

2. 不要不加思考就站在之前那位发表者发表的位置

请不要追随着上一位发表者，不加思考地站在他发表时站的位置上。

经常会看到很多人，在做发表时盲目地站在前一位发表者站过的位置上，在登上舞台之前一定要好好想想自己站那个位置是不是合适，然后再开始行动。

✪ 核心要点

在做专题讨论会（seminar）、研讨会（workshop）、学会、学术报告会（symposium）多媒体发表的时候，即使其他发表者都站在了演讲台的某个固定位置进行发表，自己也一定要在屏幕的左、右两边挑选一个适合自己的位置。这不是一个小问题，希望大家能打破固有观念，敢于做一个有特色的发表者。

3. 不要一直只贴着演讲台发表

不是所有情况下都需要站在演讲台边发表。即使不得不在演讲台位置进行发表的时候，也希望读者能够在熟练掌握演讲台侧发表的要领之后再采取有效的行动。

- 不要一直紧贴着演讲台发表

以任何目的的多媒体发表都不要一动不动地紧贴着演讲台站在那里讲解，因为那样会让听众感觉单调无聊。

- 强调特定内容的时候可以在演讲台上走动一下

讲重要内容的时候或是想留下较深刻印象的时候，往前面或是旁边走两、三步，可以吸引听众的视线。

这时候听众可以在瞬间感觉到巨大的变化，在发表过程中这样的突发行为可以吸引听众的视线，在那时被发表的内容也会在听众的脑海里自然而然地被牢记。

- 在有重要的信息需要给听众留下深刻印象的时候，走到听众中去吧

发表者也不一定要一直站在讲台后面。在需要准确地向听众传达重要信息的时候，从讲坛上走下来，走到听众的旁边，甚至走到听众的中间，和听众在一起，看着听众的眼睛来讲述，这样的讲解可以取得意想不到的效果，给听众留下深刻印象。

4. 最好让别人操作放在演讲台上的 PC 或者笔记本等设备

发表者只对发表本身专心。在多媒体 PPT 演示不需要遥控器的时候，把它暂时放在口袋里，腾出一双手，在想做手势的时候可以自由发挥。

这里所说的“遥控器”是指用具有向前或向后播放幻灯页和激光点指示的技能的辅助器具。

✪ 核心要点

没有 PPT 遥控器的情况

对于操作和投影仪链接的 PC 或是笔记本，或是跳播幻灯页等工作，由其他人来操作效果会比较好。

发表者只负责发表，这是成功做多媒体发表的最好方法。

✪ 核心要点

不能使用 PPT 遥控器的情况

发表者和辅助者一定要充分地练习以便相互配合。特别是 PPT 自动播放的时候，按下自动播放按钮后，发表者的说明和播放信号要保持绝对的一致。笔者经常目击发表者和协助者间配合不默契的情况，在配合者按自己的想法播放幻灯片的情况下，发表者的讲解会因此而慌张，常常会追赶着播放进行发表，语速会越来越快。

5. 演讲台上忌讳的行动

- 身体不要过于依赖演讲台

一动不动地贴着演讲台发表，会给听众留下优柔寡断的印象。这样的习惯可能是由于讲台恐惧症而不自觉地产生的，这种习惯很不好，所以一定要注意。

- 不要使劲按着讲台或攥着讲台

不要在发表的时候使劲按着讲台或压着讲台，紧攥着讲台的两边的行为也要避免。用手或者肘关节使劲压着讲台的行为会给听众留下傲慢的印象，所以也要节制。这样的行为往往是无意识的，所以要提醒自己注意。

- 不要像个石头那样站在那里

要牢记，一定不要从多媒体演示开始到结束一直像个石头那样站在那里进行发表，这样的姿势会很容易给听众留下发表过于冗长的印象。

- 不要让演讲台挡住自己（发表者）的大部分身体

发表者的站位要尽量不要让演讲台挡住自己的大部分身体。因为不和听众进行视线交流，听众会感到很无聊。

16.6 使用麦克风的方法

由于麦克风不是生活必需品，所以大多数人对麦克风的使用很生疏。可是，它的确是做多媒体发表的必需品。尽管随着练歌房的大众化发展使得人们使用麦克风的机会增多，可是对大多数人来说，在很多人面前使用麦克风依然是很尴尬的事情。

问题在于在正规教育课程中没有教人们在很多人面前发表时使用麦克风的方法，而使用麦克风确实是多媒体发表的必要因素，所以正确熟练地使用麦克风是相当重要的。

1. 握麦克风的方法

如 [图 16.4] 所示，麦克风的头部是圆形的部分，分成有线和无线两种。

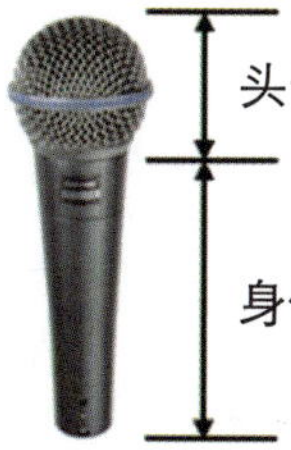

[图 16.4] 麦克风

✪ 核心要点

惯用右手的发表者因为使用右手更方便，所以应该尽量用右手拿着遥控器、指示棒等进行操作，这种情况下，用左手拿着麦克风是比较合理的。

相反，惯用左手的发表者要用左手拿遥控器或指示棒，用右手拿麦克风才是合理的选择。

- 惯用右手的发表者用左手拿麦克风，惯用左手的发表者用右手拿麦克风

在多媒体发表中要用一只手拿着麦克风，另一只手拿着遥控器或指示棒。用来拿遥控器或指示棒的手要比用麦克风的手更灵活自如才行。

- 抓着麦克风的躯干部位

区分麦克风的头部和躯干部位（参考 [图 16.4]），不能抓着麦克风的头的部分，要抓住躯干部分。麦克风的头部是用来回收声音的，为了看起来样子很帅而抓住麦克风的头部，音量将会变得很小。

- 嘴不要和麦克风贴得太近

如果嘴贴麦克风太近使用，发出的声音会很刺耳，呼吸的声音也会被大家听到，这样听众会感到很不适。但是，如果嘴离麦克风太远，会产生更多的噪音而听不清声音。嘴和麦克风之间的距离，以一个拳头那么宽为好。

麦克风和嘴的距离相距多远的时候效果最好，这个其实不好判断，这是因为扩音器的音频大小和麦克风的性能等因素也会对麦克风的声音效果产生影响。

不要让麦克风紧贴着脸，因为如果麦克风挡住了发表者的脸，发表者和听众的交流会产生障碍。

- 麦克风和嘴的角度成 45 度最好（参考 [图 16.5] ）

麦克风和嘴的角度维持在 45 度比较好，因为在麦克风和嘴一直维持这个角度说话的时候，会输入最清晰的声音。在 45 度基础上如果越倾斜，周边的声音就越会混进来，发出杂音。

[图 16.5] 麦克风和嘴的角度

2. 领夹式麦克风

- 领夹式麦克风有附着或插在衣服上的，也有挂在脖子上的，还分为有线和无线的几种。
- 使用领夹式麦克风最大的优点就是两只手可以自由随心地做手势，也不用为麦克风和嘴之间的距离操心。

3. 使用在演讲台上设置的麦克风时需要留意的事项

- 需要使用演讲台上设置好的麦克风时，要在发表开始之前调节好高度才行。

把麦克风的高度调节到和发表者的身高相合适的高度是非常必要的。如果麦克风设置得相对发表人的身高过低，则身体需要弯腰配合才能保证声音效果，而在发表的期间持续地保持弯腰的姿势是很累的。反过来，如果麦克风设置得相对于发表人的身高过高，那发表人就容易被麦克风挡住脸。

✪ 核心要点

测试麦克风的方法

一定要事先熟悉开关麦克风的方法。试验麦克风的时候，不要对麦克风高喊“啊，啊”，而在麦克风的尾部嘟嘟地轻敲即可。如果麦克风正常，就会发出“滕，滕”的金属音。

16.7 发表中正确的指示方法

发表者在讲解指示投影屏幕上的发表资料时可以用激光笔、指示棒和手三种方法。

当发表者紧贴着投影屏幕站着时，用手来指示是很好的选择。

站在比屏幕略低的位置，要指示发表资料中微细部位时，可以采用指示棒。

离屏幕很远的时候，可以使用激光笔。

1. 用激光笔指示

激光笔如 [图 16.6] 所示的那样，是可以发出红色激光指示屏幕的工具。当激光笔指向被投影的发表资料的特定部分时，被指示的部分就可以看到小的红点。激光红点的类型一般可分为圆形和椭圆形两种。

激光笔的正确使用方法

- 使用激光笔的时候，只指向投影屏幕资料的特定部分

激光笔适时适度使用效果会很好。在不对投影屏幕上的发表资料进行指示的时候，请把激光笔放在口袋里或是演讲台上。这样的话，两只手可以空出来，在需要配合动作的时候可以方便地做手势，而做手势则需要抓住相应的时机。

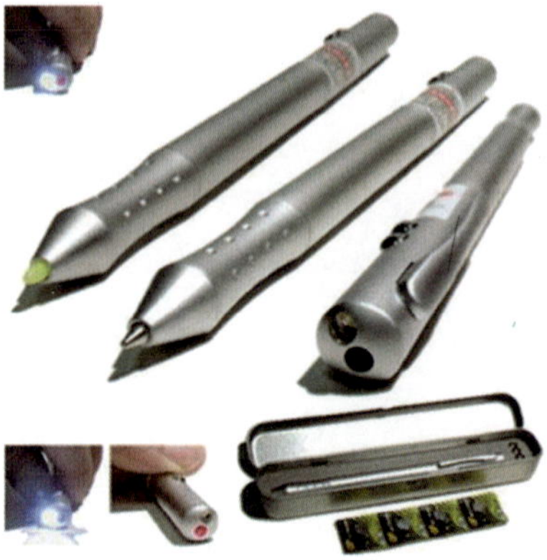

(1) 激光笔

(2) 指示棒

[图 16.6] 在 PPT 发表中使用的激光笔和指示棒

- 不要让激光笔的红点在屏幕上乱转乱点

如果激光笔的红点在屏幕上这儿那儿乱点，会引起听众的不快，发表者一定要注意这一点。

- 不要把激光笔的红点指向听众

如果将激光笔的红点指向听众，观众会感到危险，发表者对此一定要特别小心。

✪ 核心要点

如果用一只手拿着麦克风，另一只手拿着激光笔，就不能随心所欲地做手势了。这样的情况下，如果继续做手势，就会让听众感觉很可笑，所以还是不要做手势为妙。

必须要做手势的时候，可以把激光笔先放在口袋里或是演讲台上，然后再开始做手势，这样比较好。

2. 用指示棒指示

指示棒如 [图 16.6] 的 (2) 所示，是用来指示在投影屏幕上的资料时所用的工具。

目前，多媒体发表中使用的指示棒的顶端一般都带有圆珠笔，并且可伸缩。抓着底端可以把顶端的部分抽出来，这样可以指示距离较远的地方。

指示棒的正确使用方法

- 需要使用指示棒的时候，只用指示棒来指示屏幕上投影资料的特定部分

使用指示棒也要适时适度，效果才好。在不用指示棒指示的时候，请把指示棒叠好放在口袋里或是放在演讲台上。这样，尽可能让两只手空出来，需要做手势的时候可以随时做。

- 不要拿着指示棒开玩笑

注意避免在不需要使用指示棒的时候，无意识地拿起指示棒玩，也不要有像随便抓着杆子那样拿着指示棒的不良姿势。

还要注意，不要让指示棒胡乱发出声音，那样会妨碍听众集中注意力。

3. 用手指示

指示投影屏幕上发表资料的特定部分时，在没有准备激光笔或指示棒的时候就要使用手来指示。用手指示的动作要显得很有礼貌，这样可以给听众留下优雅谦和的印象。手也要适时适度地使用，这样效果才好。

手的正确使用方法

- 要手指并拢，张开手掌和胳膊来指示，手掌要朝向听众的方向。

在手指并拢的情况下，打开手掌和胳膊来指示屏幕上投影的发表资料的特定部分。这个时候要注意的是如 [图 16.7] 的 (1) 和 (3) 那样，手掌指向听众的方向。

(1) 惯用左手的发表者（左撇子）站在左边用左手指示 (✓)

[图 16.7] 手掌的方向

(2) 惯用左手的发表者（左撇子）站在右侧用左手指示 (✗)

(3) 惯用右手的发表者（正常人）站在右边用右手指示 (✓)

[图 16.7] 手掌的方向（续）

(4) 惯用右手的发表者（正常人）站在左边用右手指示 (×)

[图 16.7] 手掌的方向（续二）

- 惯用右手的发表者（正常人）用右手，而惯用左手的发表者（左撇子）用左手来指示。

之所以作这样的要求，是因为如 [图 16.7] 的 (3) 那样，惯用右手的发表者站在屏幕的右边用右手，如 [图 16.7] 的 (1) 那样，惯用左手的发表者站在屏幕的左边用左手，手掌可以很自然地朝向听众，动作显得不做作。

✪ 核心要点

惯用右手的发表者要用右手，而惯用左手的发表者要用左手来指示的理由如下：

惯用右手的发表者站在屏幕的左边用右手指示（参考 [图 16.7] 的 (4)），就会使手背面向听众，同时右边的肩膀需要转向屏幕，就会把背影留给听众。

而如 [图 16.7] 的 (2) 所示，惯用左手的发表者站在屏幕的右边用左手来指示，左边的肩膀需要转向屏幕，也会把背影留给听众。

因此在指示屏幕特定部分的时候，一定要把手掌面向听众，这样才会取得最佳的效果。

- 不要使用手指来做指示

一定要注意，不要用手指（而不是手掌）来做指示，这种方法显得很不郑重，这样的行动会让听众感到不适。

16.8 带着自信感开始

1. 从站上讲台开始

✪ 核心要点

站在讲台上谁都会紧张，即使是演讲经验丰富的科学家、教授、企业法人代表、艺人也一样会紧张。因为大家都是人，要站在众人面前发表，都会有紧张的瞬间……让我们为了克服紧张而努力吧。

为了成功的多媒体发表，从站上讲台开始，就要把紧张化解掉。特别紧张的情况下，胳膊、手、腿甚至全身都会颤抖。这是因为心理问题造成的，所以不是一两句话能说得清。这里仅介绍一些对抑制紧张有帮助的方法。

2. 解决紧张的方法

✪ 核心要点

发表中一定要拿出自信感才行，这时候自我催眠是个很可行的办法。

反复的攥紧两个拳头说“我可以做得很好！”

“我是唯一一个比听众对发表的内容了解更多的人，他们是为了听我发表的内容才聚集在这里，所以我应该自信！”

在不被听众看出来的情况下做深呼吸。

在讲台上走步的时候步伐不要太急切。

一边核对 PPT 的资料或者试试麦克风来缓解紧张的心情。

3. 开场问候

✪ 核心要点

在打招呼和自我介绍的时候脸上要保持着明朗的微笑。

可以喝水。

带着微笑的表情平均分配，和听众的对视。

用大声清晰的嗓音慢慢地开始发表。

- 发表开始的时候禁止说的话：

"我在很多人面前说话还不习惯……"

"我原来没有演讲的才能……"

"没有什么要说的，可是……"

"……因为……没做什么特别的准备……"

"对于这个氛围我还不太习惯……"

"占用了你们宝贵的时间……"

经常看到仅为了 1 小时或是 30 分钟的多媒体发表而夜以继日地付出心血，一走上讲台却用这样谦虚的话语来开头的发表者，这时听众反而会表现得意外的冷漠。因为听众会认为：

"发表者没诚意啊！"

"发表者是没事干的人吧！"

"听听也不过如此！"

"那么，为什么来到这里呢？"

以上面那样的话为开场白，发表者会因自我贬损而在自信感方面栽一个大跟头。即便是事先准备得确实不充分、欠妥当，也要在听众面前做出很郑重的模样，以自信的表情和姿势开始，以此赢得听众的信任。

第十七章

语言表达——发表中的说话

再怎么强调多媒体发表中语言表达的重要性也不为过。在多媒体发表的过程中，语言是信任交换最重要的媒体，因为它的影响很大，如果使用不当也会产生严重的后果。

本章中的“语言表达”是指在多媒体发表的过程中，通过讲解把在屏幕上的被投影的 PPT 资料传达给听众的一种方式。

本书中的“语言表达”与答辩或演说中的演讲也是不同的概念。与本书中的多媒体发表不同的是，雄辩或演说往往不需要太多学术性的东西，可是把发表资料逐行读下来也绝对不是本书所要求的。

纵观那些在很多人面前可以流畅的表达自己意见的人，好像他们的能力全都是与生俱来的，可是事实并非如此，很好地表达自己的能力是通过平时不断地学习研究锻炼而形成的。

在日常生活中，很多人并没有对自己语言表达能力的好坏仔细研究过，所以真正在很多人面前进行多媒体发表的时候就会畏缩，丧失自信，把自己本应该讲得好的发表说得一团糟。

为了能很好地进行多媒体发表，语言表达需要有缓急、强弱、高低、长短、强调等变化方法，本章将把这些方法一一展示出来。

✪ 核心要点

虽然经过几天几夜用心准备的 PPT 内容很重要，但是如此重要的内容该用什么方法传达，如何把它表现得更好，这才更重要。对相同的内容，有充满热情生动发挥的人，也有发表得结结巴巴的人。

多媒体发表中进行语言表达的时候一定要避免枯燥无味。

再怎么正确的发音，语音的大小和速度也适当，但是用一成不变的语音和语调来不停地对着听众发表，听众也会感到枯燥无味，最终可能会陷入昏昏欲睡的境地。

避免说话枯燥无味的方法有好多种，话说快点或慢点，强点或弱点，嗓音低点或高点都可以。

17.1 语言表达的基本原则

1. 自然流畅地说

不要为了彰显自己的语汇能力而使用那些很少能听到的生词，而应该尽量使用日常生活中的用语来明确地表达阐述问题。

用正确直接的词语来表达，用明确简单的句子来阐述，让听众不需要为推测发表的内容而费心！

✪ 核心要点

在听众面前发表的时候，使用日常生活中对话那样用自然的嗓音发表，听众会沉浸在很舒适的氛围中。

发表者的嗓音自然明确，听众容易产生信任感。反之，用勉强装饰的嗓音来发表，听众们会觉得不舒服，特别大声地说话，往往会产生跟希望相反的效果。

2. 慢慢地说

在众多听众面前站着发表，谁都难免紧张、发抖、不安，从而引起语速过快。不管发表的内容多么优秀，如果因为紧张、焦躁、不安而语速变快，也很难收到好的效果，因为在快语速下听众不容易理解发表的内容。所以，请用比日常生活对话稍慢的语速来发表。

可是，始终用同一个速度来发表，会让听众感到单调乏味，所以，发表的语速要有一些变化。讲解重要内容时，语速稍微放慢一些，这样会在听众的头脑中留下深刻印象；而补充说明的时候，语速快一些，效果更好。

✪ 核心要点

多媒体发表的时候，说话的速度要比在日常生活中的对话速度稍稍慢一点。语速太快，听众容易理解困难，语速太慢听众又会感觉烦闷。在做多媒体发表的时候，最可取的语速是每分钟 100 ~ 150 个字。

3. 嗓音比平时稍微大声些

充满力量又活泼明朗的发表可以把听众的心吸引过来。如果发表者一成不变地用蚊子一样微小的嗓音讲解，听众们会丧失想听下去的欲望，感到很无趣或是犯困。想一想，听众一直是这样的状态，直到发表结束才能离开椅子，这是多么痛苦的事情啊。

所以，发表者要让自己的声音能钻进听众的耳朵才行。但是，持续地用很大的嗓音说话，会使讲解变得很冗长。就象歌曲持续了一段高音部分后，一定要有个低音来缓解下一样，嗓音也不能一成不变，要大声和小声配合着传达才好。请倾注你的热情，活跃地进行多媒体发表吧。

✪ 核心要点

用充满活力的嗓音发表。发表者的嗓音要让坐在最后一排的人也可以很好地听到，比这个音量过大或过小，发表都会给听众造成不便。

4. 使用简单的语言

不要用那些很难的专用词或是缩略词来讲解，还是用简单的词汇吧。如果听众不能很容易地理解，就会马上产生副作用，使听众产生拒绝感和距离感。

在研究机关中的研究员或大学教授的发表现场，经常能目击这样的情况。虽然不知道发表中使用专用词和缩略词能造成多大的麻烦，但是笔者可以在这里做一个冒昧的推测，要所有的人都对缩略词做到十分熟悉或者完全理解，是不可能的。

特别是在听众不是业内人士的情况下，过度地使用外来语言或专用词是行不通的，一定要换成日常的生活用语进行说明才行。

✪ 核心要点

如果是必须要使用专用词的情况，一定要把专用词换成通俗易懂的词。如果这样还感觉到听众的反映不是很好，那就要换成更简单的语言，慢慢地仔细地解释。

还有，在不得不使用缩略词时，要把没缩略的词介绍完整后再把缩略词写出来。在缩略词的前面也要把原词一起写出来，不要单独使用缩略词。听众们即使在听了解释后，对刚刚说过的缩略词也经常会有想不起来的情况。

5. 避免陈词滥调

听众们最不喜欢的发表就是陈词滥调的那种。毫不在意观众的反应，在众人面前像小学生念书那样进行发表，听众们马上就会表现出反感或者干脆两耳不闻了。

✪ 核心要点

并不是要把事先写好的原稿全部一股脑地逐行背下来，而是要带着感情即兴式地表达。

6. 注意语调的变化

如果发表者的语调一成不变，听众会感觉到什么？还会有多少兴趣？

发表者的语调需要有变化，重要的内容要适当地强调，发表者应该多费心思，运用适当的语调使听众不会感到发表冗长，不容易疲倦。

语速时快时慢，声调时强时弱，语调随着情况的变化随时调整，这样发表时的语调就富于变化了。

重要的内容放慢速度，会给人留下深刻印象，补充说明则要快点说为好。

想作为一名优秀的发表者，就要从心理上把握听众的反应，适时适度地用恰当的语调来进行发表。

✪ 核心要点

多媒体发表者单调的语调会引起致命的问题——听众会显示出发表者忌讳的反应，要不然闭着眼睛睡觉，要不然和旁边的人窃窃私语。

7. 用正确的发音

很多的时候，听众们虽然是听了发表，可是听不清楚发表者的讲话。这样的状况持续下去，听众们会感到很无聊，就会干别的事去了。发表者在台上支支吾吾地讲解，无法取得听众的信任。

发表者在发表的时候应该使用比日常生活对话时更明确的发音。嘴里象含了东西似的支支吾吾的声音会给观众留下不好的印象，容易被混淆的词语要使用更正确明晰的发音，以便让听众听清。

✪ 核心要点

发表者为了清晰的表达，嗓音需要更加清晰。要格外注意，即使自己很焦躁，也不要磕巴，或含含糊糊地说话，否则会无法正常表达自己的观点。笔者希望发音不清楚的发表者要经常练习，使自己的吐字更加清晰。

8. 用很确定的语气来表现

使用“知道是这样的”“好像是这样吧”“不知道会是这样”“好像应该是这样”等不确信的语气或是表现出推测的语气，听众们是无法对发表者产生信任的。

反之要使用“是这样”“要……”“确实是这样的”等确信的表达，才能给听众以足够的信任感。

不确定、未确定、推测的表现	确定的表现
“据我所知是那样的”	“是那样的”
“好像是那样”	“是那样的”
“也许是那样吧”	“是那样的”
“……好象应该那样吧”	“就是那样”
“也许是那样”	“确实是那样”
“可能是……”	“是 / 叫做……”
“也可能是……”	“是 / 叫做……”
“认为应该是……”	“是 / 叫做……”

“我认为”“我推测”“一般”等暧昧不清的表达和“当下”“先”“怪不得”“总而言之”“概括地说”等信赖感缺失的含糊的表达则尽量不用为好。

✪ 核心要点

不确实或是不确定的语言表达、推测性的语言表达要谨慎地使用，要使用确定性的语言表达。

9. 通过反复来强调

为了向听众明确地传达重要的信息，可以使用反复强调的方法。发表中重要的信息，如果只用平淡的话语一带而过，听众也不会格外关心，重要的信息就这样飘过去了。

如果采用变化语速、调节音量和语调、反复的强调等方法，听众可以瞬间集中注意力。反复强调重要的信息以后，观察听众的表情，如果什么反应都没有，可以采用配合适当手势的方法再强调一遍。

✪ 核心要点

发表过程中如果有必须让听众记住或是一定要强调的重要信息，不要用平淡的话语一带而过，而要通过反复强调的方法提醒听众注意。

根据现场情况的不同，要用多样的方法调节语调、音量、语速，并反复强调。最少有三次以上重复，配合果断的明显的手势，可以产生更好的强调效果。

10. 适当地调节语速

发表者可以时而采用普通的语速时而采用快速或缓慢的语速来调节发表的速度。

如果发表者以小学生念书那样的速度进行讲解，听众们会作何反应呢？听众们会很容易产生无聊的感觉，然后会丧失聆听剩余发表内容的兴趣。

大多数的发表者都不是多媒体发表的达人而只是一般人，在众多听众面前站着讲话肯定会紧张，紧张不安会造成语速加快。这样的情况下还很容易失控，常常因为紧张导致速度过快而在不知不觉中缩减了很多重要的内容，严重影响了发表的效果。

✪ 核心要点

说到重要内容的时候，慢慢地仔细地讲解，效果会比较好；相对较不重要的内容，可以用稍快的语速带过。所以，根据发表内容的重要程度调节语速是很有效的方法。

11. 讲述中尝试“瞬间停顿”

“瞬间停顿”是在讲话的途中突然停下来。

正如乐谱的中间有休止符的旋律听起来很美妙动听一样，多媒体发表的过程中也需要有休止符，这个休止符正是瞬间停顿（Temporary Speaking Stop）。

在发表的过程中突然瞬间停顿，会激发听众对发表内容的兴趣，这是很好的方法。可是，对发表不自信的人因为紧张会使用比平时说话更短的停顿，很着急地去讲话，这样听众会跟不上发表的内容，陷入这种“消化不良”的状态，从而厌烦余下的发表内容。

因此，发表内容很重要，发表的效果更重要。

✪ 核心要点

发表者在发表途中不做停顿，喋喋不休地讲解，听众们会无法消化发表的内容。要适当运用在瞬间将讲解内容停顿的技巧，给听众们留下对内容的足够消化时间。

在词与词、句与句、节与节和章与章之间都可以有短暂的停顿。还有导入与展开、展开与终结等内容之间也应该有短暂的停顿。需要强调的内容或是诱发听众思考的内容，也不妨来个短暂的停顿。

这些停顿，词与词之间略短，句与句之间略长，发表者应该根据内容调节停顿时间的长短。

例（1）“我们人生中最珍贵的是爱和信任”这个句子中需要强调的部分如果是“爱和信任”，那就在“爱”的前面停顿和“信任”的前面停顿，这样就强调了“爱”和“信任”。

“我们人生中最重要的是 爱和 信任。”

例（2）“人们用眼睛可以区分的颜色有千万种”这个句子中需要强调的部分如果是

"千万种"，那就在"千万种"的前面停顿，"千万种"就被强调从而被听众们记住了。

"人们用眼睛可以区分的颜色有 千万种。"

例(3)"我们的美好生活是科学技术的发展造成的"这句话需要强调的部分如果是"科学技术的发展造成的"，那就在"科学技术"的前面做略长时间的停顿，这样"科学技术的发展造成的"就被听众记住了。

"我们的美好生活是 科学技术的发展造成的。"

还有，在一段内容结束时，发表的内容是新的段落的时候，重要的内容前后，翻页的前后，环视听众的时候，向听众提问或是展示课题的时候，发表都应该有瞬间的停顿。

12. 避免重复自己口语中习惯性的无意义的助词

"习惯性的无意义的话"是指发表者在发表过程中反复使用的一些没必要的助词。

例如："啊～"，"噢～"，"嗯！"，

"嗳～"，"哎呦～"，"再～"，

"吗～"，"那～"，"这～"，

"所谓～"，"众所周知～"，"说来～"，

"ok~"，"good"，

"说实在的～"，

"是说～"，"比如～"，"说白了吧～"，

"换句话说～"，"简单地说～"，

"想说的是～"等。

这样没有意义的话反复使用，会给听众留下发表者在自信不足的情况下进行发表的印象，这些平时的坏习惯会使发表整体感觉呆滞。这样的习惯不是不可以改正的毛病，只要稍稍用心训练就可以加以改进，已经养成了这样习惯的人可以通过录音来练习调整。

✪ 核心要点

不要在多媒体发表时反复使用没有任何意义的助词。

听众们反复听到没有意义的助词，会在这些表面的语言上更加留意，也会产生厌烦的感觉，使注意力下降。

13. 使用敬语和赞美的话

“尊敬别人才是尊敬自己”这样的俗语不仅是日常生活的真理，在多媒体发表中也是如此。即使是对幼儿园的孩子也要尽量多使用敬语、赞美的话和普通话，被人尊敬的教授在学校的讲课中都习惯使用敬语和赞美的话。

经常目击某些发表者在发表过程中使用隐晦、低俗、粗俗、通俗的方言，仅仅是为了自我满足。每个发表者都想和听众拉近距离，但这样的发表者很难会被归类到听众喜欢的类别中。

要牢记，如果不多多使用赞美的语言和普通话，可能当场就会引发听众的不悦，和听众产生距离感。

✪ 核心要点

在听众面前要避免使用隐晦、低俗、粗俗或是粗劣的词汇或语气。

在比自己小或职级低的人面前也不要随随便便地说话，一定要牢记在听众面前不管何时何地都要使用敬语、赞美的话和普通话。

14. 表达内心的感情

发表者一直毫无感情地读着原稿，听众对这样进行的发表会很容易感到枯燥无聊。不带感情进行的发表，将无法打动听众。

在进行多媒体发表的过程中，对听众传达信息时要倾注着感情，只有在嗓音和内容中都倾注感情，才会取得良好的发表效果。毫无感情的讲解会让发表变得很平淡，对听众也缺乏影响力。

✪ 核心要点

请发表者根据发表的内容，把喜、怒、哀、乐、吃惊、不悦等感情都向听众传达出来。听众们会被带着感情的发表吸引，触动内心，从而轻易地被同化，更好地理解发表的内容。

发表者在发表前先把要说明的内容放在脑海中想象一遍，然后再用适当的感情多样的嗓音表现出来，只有这样发表的效果才会更好。

第十八章

体态语言（Body Language）

18.1 体态语言的概念

1. 体态语言是什么？

✪ 核心要点

体态语言的英文是 Body Language，是指不依赖口头语言或文字传递信息，而用面部表情、视线、身体动作、手势、姿态、态度等直接的身体动作来表达情感、传达信息的行为方式。

- 通过体态语言，听众对发表内容中的重要部分很容易感知。听众对冗长乏味的 PPT 内容不可能全部记下来，发表者在传达核心内容的时候，一定要配合有效的体态语言，从而让听众更方便更容易地理解。
- 体态语言可以向听众暗示发表内容中的重要要素，在这一点上仅次于屏幕演示。体态语言还可以帮助听众集中注意力，同时提高理解力。所以，发表者一定要熟练地掌握有效的体态语言运用技术。
- 发表者即使使用流畅的语言来讲解 PPT，如果不能很恰当地使用体态语言配合说明，听众出现理解困难的几率仍然很高。可见，体态语言是多媒体发表必备的要素。
- 并不是说，体态语言就能决定多媒体发表的成败，但是，作为发表者，一定要深刻地理解体态语言在发表中潜移默化的重要作用，并在实战中熟练地运用它。

2. 体态语言的种类

在多媒体发表时，发表者向听众传达信息的过程中可以配合使用如下四种有效的体态语言：

- 姿态
- 眼神交流
- 面部表情
- 手势

3. 体态语言的效果

✪ 核心要点

在多媒体发表的过程中，配合发表内容恰当地运用体态语言，可以使发表变得更生动，想要传达的信息也会很好地传递给听众。

- 在听众面前一直采用立正那样僵硬的站立姿态，是件多么生硬和枯燥的事。发表的同时采用恰当的姿态，自然地配合发表，发表者也会显得更自信。站在演讲台上时，注意使用体态语言是很有必要的。
- 请一定要牢记，恰当地运用体态语言可以成倍地提高发表效果，反之，运用不当也会给发表造成很大的负面影响。
- 完全不使用体态语言是个问题，毫无节制地使用体态语言则是更严重的问题。对体态语言的不当使用会给发表的质量、专业性、核心信息带来不好的影响。

18.2 姿态

姿态的原意是身体移动或保持平衡的模样，即身体的姿势，不是静态的模样，而是动态的模样。引申的含义是对待事物时的心态或态度。

截止到现在，笔者所看过数万名的多媒体发表者各有姿态：

- 发表者采取过于紧张的姿态，僵硬地重复无用的动作，给人注意力难以集中的感觉。
- 发表者在上司或地位高的人面前放不开，采取把两手交握在体前的很严肃的姿态，显得发表者很谨慎，却给人一种无法充分传达信息的感觉。
- 发表者的姿态很高傲或给人傲慢的印象，影响听众的心情。
- 发表者像第一次发表那样有着不安的姿态，会让人很难信任发表的内容。
- 发表者把手插进兜里，同时一只腿抖着，会给听众黑社会混混的感觉。
- 发表者虽然是个新手，但是姿态很端正，同时脸上洋溢着自信的笑容，听众会觉得发表内容也可信可靠。

可见，发表者的姿态会对整个发表的效果产生相当大的影响。作为发表者，你会选择上面例子中的哪种姿态呢?

让我们看看发表者应该采取的优秀姿态和应该避免的不良姿态。这个问题中还涉及动作，姿态和动作存在密不可分的关系。

1. 采取自然立正的站姿

✪ 核心要点

发表中，发表者最好的姿态如 [图 18.1] 所示，要一直保持飒爽自然的站立姿态。

两脚自然站直，与肩同宽，重心放在两腿中间，抬首挺胸，肩靠后，两只手紧握空拳贴在裤线旁边，保持安定自然的站姿。

这样端正自然的站姿是多媒体发表的基本姿态。采取这样的姿态，不仅自信感油然而生，听众也会感觉到对发表的内容格外信赖。

[图 18.1] 自然立正的站姿

◣ 现场物语

发表者维持自然立正的站姿是多媒体发表成功的基础。这样的姿态也并不复杂，非常简单实用。

但是，发表现场难免会出现问题，在站上讲台的瞬间，由于紧张，很难像想象的那样轻松容易地站好。

即使是那些很有发表经验的博士、教授和其他精英人士也会在站姿上留下瑕疵，他们因为担心采取自然立正的站姿会有损自己的权威形象，因而通常都故意回避这种站姿，反而给听众留下了傲慢的印象。

2. 不要采取两手交握在体前的那种很严肃的姿态

✪ 核心要点

不要在听众面前采取如 [图 18.2] 所示的那样两手交握在体前的严肃姿态。

不管是多么重要或者多么困难的发表，发表者如果采取把两手交握在体前的姿态，肯定不会得到“这是个恭顺和谦逊的发表者”的评价。

听众们期待发表者并不是伪装谦逊的人，而是飒爽英姿的富有创新力的人，他们可以传达让人赞叹的发表内容，把想传达的信息充分地展示给听众。

[图 18.2] 两手交握在体前的严肃姿态

◣ 现场物语

在职位很高的人群、面试委员、评价、审查委员的面前，发表内容看起来要么很重要，要么很困难时，经常看到发表者采取把两只手交叉握在体前的严肃姿态。

可能发表者觉得采取这样的姿态会给人遵守礼仪谦逊的印象，可事实上这样的姿态会让人觉得发表很沉闷死板、缺乏活力。在发表中一味地采取这种单一的姿态，会使听众们感觉发表过于冗长，从而产生厌烦。同时，这种姿态还会让听众误认为发表者是个小心谨慎、经验欠缺、自信感不足、优柔寡断的人。

3. 不要把手插在衣兜里

✪ 核心要点

发表过程中，发表者不要如 [图 18.3] 所示的那样把一只或两只手放进衣兜里，更不要在兜里摆弄随身携带的物品。

在听众面前，发表者经常会自己不知不觉地就延续这样不好的习惯：要么一只手或两只手放在衣兜里，做反复把手放到兜里再拿出来的动作；要么在口袋里摆弄钢蹦或钥匙等小物件。这样做会给听众留下十分散漫的印象，所以一定要避免。

这样的姿态或动作会给人自信不足或十分傲慢的印象。原因有如下两点：

第一，因为发表者在听众面前语塞，缺乏自信，导致手发抖，所以把手放进口袋里，想借此镇定，可是这样做的瞬间也难免会被听众识破。

第二，这样做显得对听众不关心和冷淡，当偶然向听众看的时候就会给听众留下傲慢自满的印象。

所以，不管是什么样的情况，都要避免把手放在兜里。

[图 18.3] 把手放在衣兜里的姿态

◣ 现场物语

经常在发表现场看到，有的发表者一站在听众面前，自己就不自觉地把手放在衣兜里，反复放进去再拿出来，或者在衣兜里摆弄钢蹦、钥匙等物件。

最严重的问题是把手放到衣兜里之后，连后面本应该配合发表做的手势都省略了。

这种情况，不仅在新手身上，职员、教授、博士课程中的学生也常有发生。

这样的姿态动作确实会给听众带来厌烦和恼火的感觉，一定要在发表之前，用充分的时间来练习，改掉这样不良的习惯。

4. 不要挽着胳膊（抄手）站立

✪ 核心要点

在听众面前进行 PPT 发表的时候不要如 [图 18.4] 那样，挽着胳膊。

挽着胳膊是指两个胳膊弯曲过来互相钩住放在胸前的姿态，这样容易给听众留下傲慢无礼的印象。

[图 18.4] 挽着胳膊的姿态

◣ 现场物语

挽着胳膊的姿态，有时候会随着当时的氛围让别人感到亲近，可是在听众面前做多媒体发表时不能采取这种姿态。

经常看到教师、教授、高级干部、高级军官等人士在对学生、部下或者下属员工做多媒体发表时采用这种姿态，虽然学生、部下、职员或是底层人员即使有这样不好的感觉也不会表现在外，但这样的姿态确实会给听众留下傲慢无理的印象，所以一定要慎重使用。

5. 不要背着手站立

✪ 核心要点

在听众面前做多媒体发表时不要如 [图 18.5] 那样把手背在后面。

背着手是指两只手放在身后，在背后互相抓住的那种姿态。这种左脚略微向旁边张开，两只手在背后交握的姿态，发表者虽然自己觉得很放松，但却会给听众留下傲慢无礼的感觉，所以也一定要避免。

把手背在背后，像过去的有钱人或者私塾先生那样的习惯性姿态，是发表者在听众面前不知不觉地就流露出的坏毛病之一，这样的姿态也会给人傲慢的印象，所以一定要慎重使用。

与这个姿态相对的姿态是两肩下垂。两肩下垂的姿态，看起来显得过分放松，有气无力，像个胆小鬼，没有自信，像藏着掖着什么似的，所以这样的姿态也不好。

[图 18.5] 背着手的姿态

现场物语

把手背在背后，是从政人员、高级干部、老师、教授、高级军官等人士喜欢的姿态，甚至还有很多人误认为采取这样的姿态可以提高自己的身份。

事实上，用这样的姿态进行发表，也给听众没有自信或死气沉沉的感觉，所以一定要慎重使用。

6. 不要采取把身体重量集中在一侧脚上的站姿

核心要点

不要采取如 [图 18.6] 所示的那样，把身体重心集中在一侧腿上进行发表的姿态。

发表者把身体的重心集中在一个腿上，这样的站姿会给听众留下很邋遢的印象。一直采取这样的站姿，会给听众很不好的印象，所以要避免。

[图 18.6] 身体的重心集中在一条腿上的站姿

现场物语

即使在日常生活中，与别人对话的时候，如果采取把重心集中在一侧腿上的站姿，也会给对方留下傲慢的印象。有这样习惯的人常会被误认为是傲慢的人。

在多媒体发表时，采取把身体的重心集中在一侧腿上的站姿，这也是政要、高级干部、教师、教授、高级军官等人士偏好的姿态。但是，这样的姿态也确实会在多媒体发表中给听众留有傲慢的印象。

7. 不要无休止地搓弄或是反复摆弄某一物体

✪ 核心要点

不要反复不停地用手指摆弄激光笔或圆珠笔等物件。

不要反复地摘下、戴上眼镜或反复摆弄。

要避免揉搓摆弄头发、脖子、胳膊、手等身体部位，避免做出这些不必要的动作。

女性发表者要避免摆弄项链、戒指等装饰物品。

在多媒体发表时，发表者不要摆弄或揉搓激光笔、圆珠笔、眼镜、身体部位或装饰物。

另外，在发表时，扯指甲、洗手那样两只手相互揉搓、挠脖子或头部、持续做抓拿动作等，这样的人也不少。

这些邋里邋遢的动作对发表一点帮助也没有，还是不这样做为好。

◣ 现场物语

经常看到多媒体发表过程中，那些初次发表或刚刚入门的发表者，因为不自信或紧张的原因，不断地摆弄或揉弄激光笔、笔、眼镜、身体部位或装饰物。

一直做这样的动作，会被听众误解为是没有自信的人。对这种常见的失误，请发表者格外留意。

18.3 眼神交流

1. 眼神交流是什么意思

多媒体发表中的“眼神交流”是指发表者向听众投射目光。这个动作在英语中称为 Eye Contact，是观看听众的意思。

2. 为什么说眼神交流很重要

✪ 核心要点

在多媒体发表中，发表者向听众投射的眼神应该充满真实性、确定性、自信感，而听众对发表者的视线里也包含着对发表内容的真实回应。因此，在做多媒体发表的时候，请好好通过听众的视线来把握听众对发表内容的反应。

◣ 现场物语

下面是笔者在大德研究开发特区最近 10 余年的观察结果。

经过调查，在做学会、专题研讨会、课题发表等对外报告的时候，约 95% 的研究员是在回避听众视线的状态下完成发表的。他们大部分时间都是看着屏幕，偶尔不看屏幕的时候却去看天花板或门窗等地方，都不看着听众进行发表。

但是，在研究所内部进行报告时候，约 50% 的发表者都会和听众进行眼神交流。可是，一旦有高级干部出席，氛围就会急转直下，这时约 90% 以上的发表者都会避免和听众交换视线。

可见，造成不与听众进行眼神交流的直接原因，通常是发表过程中发表者对进行眼神交流缺乏自信，间接的原因大概是平时生活中也不愿意和别人对视。

但是，问题是听众对发表者不愿进行眼神交流有自己的理解。和听众没有眼神交流的发表，最严重的问题是让听众觉得发表者缺乏自信，不能给听众以信任感。所以，初次发表的发表者或是平时性格内向的发表者需要通过彩排来让自己熟悉眼神交流。

- 直到现在我们也不熟悉的眼神交流

实际的情况是，在多媒体发表过程中，发表者应该把视线投在哪里，怎么进行眼神交流才能得到更好的效果，我们对此的正确认识并不多，因为在小学、初中、高中、大学里正规的课程中，我们从来也没有对此正式地学习过。

可是，眼神交流是进行多媒体发表所必须具备的重要条件，这是毋庸置疑的。所以，请先理解正确的眼神交流技法，再进行练习，直到熟练地运用。

◣ 现场物语

对话中眼神交流的东西方差异：

在对话过程中，对使用眼神交流的看法东西方是有差异的。西方文化里，谈话的时候看着对方的眼睛被认为是讲礼貌的；反之，避开对方眼睛，会被认为是小心防范或是抱否定态度。在西方世界，谈话的时候避开和对方进行眼神交流，就会被对方认为是对自己不关心、无诚意，只有看着对方说话才是热情的、真诚的。即使和高职位的人说话时，看着对方也是尊敬的表示。

与之相反，在中国、韩国、日本等东方文化的国家里，谈话的时候长时间和对方对视会被看成是没有礼貌的。特别是和上层人士对话的时候，有些人喜欢干脆把头低下，或是看着别的地方。这样做，那些职位低或是内向的人会感觉比较舒适，女性更是如此。

3. 不要看着屏幕发表

✪ 核心要点

偶尔（10 次中的 2 次）看着屏幕来讲解固然很好，但是不要从一开始就一直看着屏幕完成发表。一定要牢记，发表者和听众间如果没有眼神交流，只顾着看屏幕的发表很可能失败。

大部分的发表者都会不看着听众而是将视线固定在投影屏幕上孤独地完成讲解，并不只有第一次发表的人才会这样做。按照屏幕上的投影内容朗读，听众马上会失去兴趣，感到十分厌烦；如果一直读下去，只能让人感到恼火。

问题在于，背着听众只看屏幕的做法会导致听众认同感严重缺失，同时，快速阅读屏幕上投影的内容，还会让听众很容易遗漏发表的内容，结果导致听众们对讲的内容、要点都不能把握，使多媒体发表最终走向失败。

现场物语

最近在韩国大田的大德研究特区的某研究所里召开的会议中，笔者目击了如下情况：代表中坚力量的某博士在代表研究所所作的主题报告发表中，从刚开始到结束都只对着屏幕，看着屏幕一字不落地读了下来。

会议内容很重要，大多数发表者都会有沉重感，笔者对这样不负责任的发表感到格外吃惊，这甚至不是真正意义上的多媒体发表。包括笔者在内，一共有 7、8 名审查委员参加了那次会议，而代表着一个领域内中坚力量的博士这样完成讲解自己却没有丢脸的感觉，这让笔者只能在失望之中倍感惊讶了，其他审查委员们也明显流露出不悦的表情。

这次发表的结果是大家都能想象到的。

发生这样的情况，不只是因为发表者对发表资料不够熟悉，还因为发表者欠缺自信。希望各位在头脑中牢记，一直看着屏幕进行讲解是多媒体发表中最忌讳的。

4. 对听众和屏幕分配视线的比例

✪ 核心要点

在 PPT 发表的过程中视线分配给【屏幕】和【听众】的比例最好为 20:80。

例如，发表的时间有 100 分钟，可以用 80 分钟的时间和听众进行眼神交流，用 20 分钟的时间对着投影屏幕进行讲解。

用全部的时间只看着投影屏幕，或用全部的时间只看着听众来进行讲解，都是不正确的做法。

为了做到给 [听众 ：屏幕] 的视线分配为【80:20】，发表者需要事先对发表内容做到完全的熟悉，做到可以不看着发表资料就可以进行发表的程度。当讲解的部分在屏幕上放映出来，对照确认的时候也可以边确认边和听众进行视线交流。

◣ 现场物语

进行多媒体发表时，为了和听众流畅地进行眼神交流，需要灵活运用 PPT 的“幻灯片播放”功能，比如可以使用 PPT 的“动画”功能，每次按下 Enter 键，发表内容就会在屏幕上投影一行或两行。

所以请牢记，发表者需要看着屏幕的理由，仅是确认屏幕上的内容是否正确而已，并不是要看着屏幕上的资料进行讲解。

5. 对全体听众平均分配视线

✪ 核心要点

发表开始后，请面带微笑，同时目光坚定地环视全体听众，并平均分配您的视线。

别忘了和最后一排还有最边上座位的 4 个角上坐着的听众进行眼神交流，最后面或最旁边 4 个角的座位偶尔会悄悄地进来些 VIP 听众，所以一定要让自己的视线照顾到这些位置上的人。如果视线照顾不到这些位置上的听众，这些听众就会产生疏远感，并将这样的情绪漫延开来。要牢记，如果被疏远的听众在增多，就无法确保发表的成功完成。

听众在 50 名以下的情况，希望可以如 [图 18.7] 的 (1) 所示，一个人一个人地进行眼神交流。当发表现场很宽，听众有数百名的时候，那么就要如 [图 18.7] 的 (2) 那样，根据听众的位置，以 10 ～ 30 名为单位分成若干集团，与集团中央坐着的人进行眼神交流，而对坐在前 5 排以内的人，还是一一进行眼神交流为好。

当 PPT 发表现场很宽敞或听众有数百名时，发表者的视线要面向听众，让听众可以看到自己。发表者离听众很远的情况下，即使和听众一一对视，他们也很难感觉到，所以要把他们分成集团，均衡分配视线。

如 [图 18.7] 的 (1) 和 (2) 所示，发表者在向相听众移动视线的时候，从最右边的最后座位开始，向左边的最前面的座位直线移动比较好。

6. 和某一个人对视

◣ 现场物语

和听众对视着进行讲解，在一段时间内最少也要持续地看着某一个人，要注意和某个人对视着进行讲解时，视线不要移向其他的人。所以，在进行一段讲解期间，最少也要和某一个人进行眼神交流。

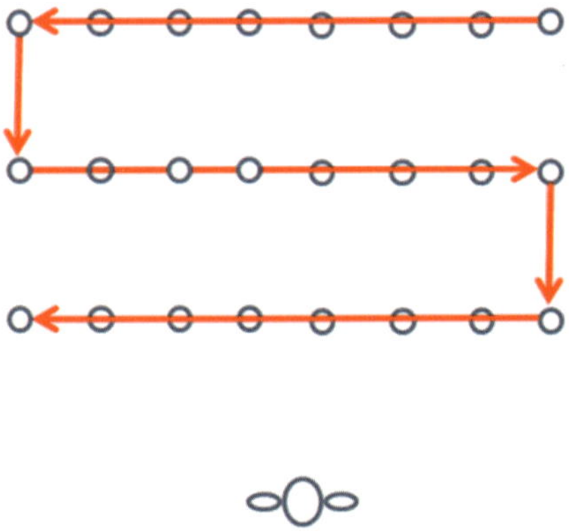

(1) 在小规模会议室或教室中有数十名听众时的眼神交流概念图

[图 18.7] 和听众全体眼神交流的概念图

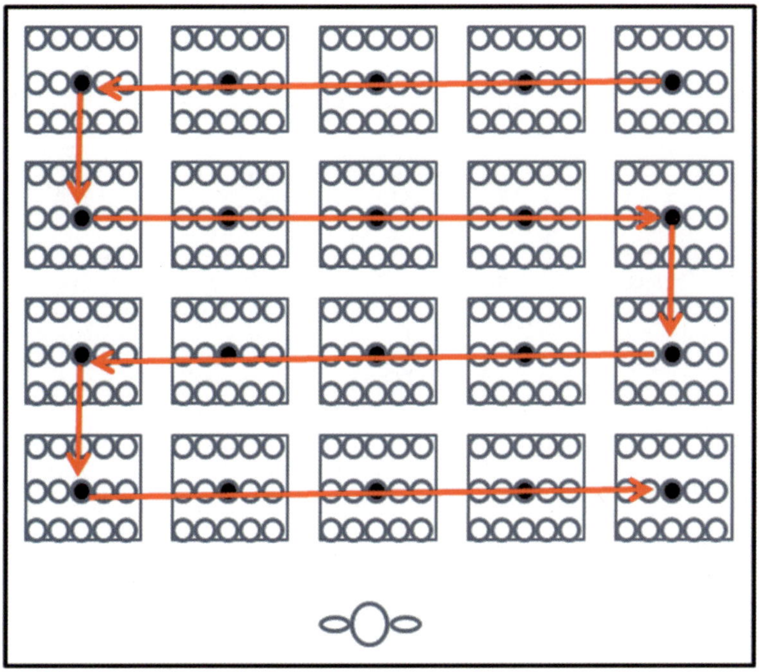

(2) 在大规模讲堂面对数百名的听众时眼神交流概念图

[图 18.7] 和听众全体眼神交流的概念图（续）

和多媒体发表中发表者的视线对每个听众都做一下停顿一样重要的是，对听众要有礼貌。眼神交流的本身也是一种对话，视线在听众中胡乱扫视是不礼貌的。如果发表者的视线在听众中胡乱扫视，发表者不仅会被听众认为是焦躁不安没有自信，还会给听众留下不可信任的印象。

现场物语

笔者经过最近 10 余年的观察，发现研究机构大多数的研究员发表者们最不喜欢或处理不好的问题就是：看着听众的眼睛进行发表。他们其实是没有掌握和听众进行眼神交流的技巧。

解决这个问题的方法是“讲解时最少要与一位听众进行眼神交流”，也就是说，至少要看着某位听众的眼睛来进行讲解。

7. 眼神交流的时候不要只与某一个人对视

✪ 核心要点

不要只与某一个人密集地进行眼神交流，而要把视线分给众多听众。

在多媒体发表的过程中，发表者往往会不自觉地只与某个听众进行眼神交流。视线对着某个人时间很长，反而会容易被误认为是发表者语塞了。

被长时间对视的听众也会想“为什么只看我一个人啊”，心情也会随之变坏。

所以，发表者要环视演讲现场，尽可能与大多数听众进行眼神交流。

◣ 现场物语

口头发表的终极目标是，发表者能清晰地表达自己的意图而不会引起非议。所以，眼神交流过于集中的问题不能被忽略。

出席报告会的听众中，可能有关键决策人或是重要的干部。事实上，这样的情况经常出现。对待他们要采取特别的对策才能达到目的。

大部分情况下，重要决策人会坐在第一排的中央，要加强对他们的关注，多进行一对一的眼神交流；同时要注意，环视的时候视线不要太快地掠过他们，避免让他们产生距离感。

8. 视线不要移动得过快

✪ 核心要点

虽然要对众多听众平均分配视线，但是视线不要移动得过快。

虽然要对听众平均分配视线，但是如果快速地移动视线，发表者会被认为是焦躁不安和没有自信的表现，所以发表者要避免视线快速移动。

发表者不断地快速移动视线，会给听众留下傲慢的印象，所以应该稍微郑重、自然、徐徐地与听众进行视线交流。

现场物语

笔者在观看口头发表的过程中，经常会看到某些发表者视线以很快的速度左右乱晃，结果误导了听众的视线。初次进行发表的人或许因为太过于紧张，不自觉地就造成了这种状况，希望读者能对此留意，并尽量避免出现这样的失误。

9. 保持视线和脸的方向一致

核心要点

在发表过程中，需要对特定的某个部分用手来指示，进行特别强调时，发表者也应该面向这个部分，进行对照说明。

多媒体发表的过程中，需要强调屏幕上投影的发表资料的特定部分时，发表者应该先让身体转向屏幕方向，然后用手指向某个部分，同时看着这个部分来进行说明。

这样的话，听众就会本能地随着发表者指向（视线）的方向观看发表资料。

现场物语

多媒体发表的内容中往往有需要特别强调的部分，这个部分在制作的时候已经比其他部分花费了更多的精力和时间。如此重要的部分，如果在发表中一带而过，往往无法达到预期的效果。

这时候，发表者应该马上把身体和脸转向屏幕，用手指示着这个部分，同时对照着屏幕来进行讲解。这时，用稍长的时间看着屏幕上显示的该部分内容，反而是件好事。

18.4 面部表情

1. 让脸上充满明朗的微笑

在多媒体发表的过程中，听众会有意或无意地细致观察发表者的面部表情和动作，如果发表者的脸上洋溢着自信的微笑，听众们会在无意识中对发表的内容也感到信任。

相反，如果发表者的脸上表现出焦躁不安的表情，听众也会随之陷入焦躁不安的情绪中，从而对发表的内容持怀疑态度。

✪ 核心要点

多媒体发表一开始，发表者就要对听众报以明朗的微笑。当发表者露出绚烂的笑容，展示出自信、充满活力的表情，听众的心情也会随之变好，同时对发表者的讲解充满信任感。

现场物语

通过现场的观察，笔者发现发表者中从事高职位的高级干部与初、中级干部的面部表情反差很大。

高级干部中的 50%~60% 采用不动声色的表情或是僵硬的表情，20%~30% 的带笑的表情给人像是在做生意的感觉，只有 10%~20% 的人面带明朗的微笑。与之相反，初、中级干部则习惯带着明朗的微笑进行发表，并始终洋溢着自信感。

高级干部们出现的这种现象，主要出现在比自己职位或是社会身份低的人面前。反之，在比自己职位高的人面前，他们则会做出相反的表情，如果对方的职位更高，甚至可以看到近乎奉承的表情。

高级干部们这样的表现是因为业务过重而导致的强迫观念造成的呢？还是因为过时的官僚主义造成的呢？如果认为在听众面前明朗地微笑会降低自己的品味，如何做才是有品味的呢？

请牢记，在多媒体发表中一定要克制权威意识。

2. 根据现场情况来调整面部表情

多媒体发表的过程中，随着话语转换和现场状况的变化，往往需要配合使用不同的面部表情，才可以成功地对听众传达信息。下面讲述了在不同情况下，用眉毛、眼睛、嘴等部位做出不同的面部表情的方法。

- 使用眼睛的表情

表现兴奋或是吃惊的内容时：发表者需要对平直的内容表达出兴奋或是吃惊的表情时，请睁大眼睛，这样可以诱导听众作出相同的反应。

- 上挑眼眉的表情

对内容表现出怀疑的情况:发表者需要对平直的内容表现出怀疑的时候,请上挑眼眉,这样可以诱导听众作出相同的反应。

- 皱眉的表情

表现出对内容不满意的情况:发表者需要对平直的内容表现出不满意时,请紧锁双眉,这样的表情可以诱导听众作出相同的的反应。

表现很累和有困难的情况时也可以使用这种表情。

- 利用嘴的表情

表达对内容感叹时的情况 :发表者需要对平直的内容表示感叹的时候,可以做张大嘴巴的表情,这样的表情可以引起听众产生相同的感觉。

要对发表或说明的内容表达确信的时候,做瞬间用力把嘴闭上的表情,会让听众对发表者的话感到信任。

18.5 手势

本书中使用的手势不是在选举、群众示威等大规模集会中使用或在演说中高声挥拳的那种手势,而是为了在用视听媒体设备做多媒体发表过程中为了正确地传达信息而辅助使用的手、胳膊等肢体动作。

所以,必须将多媒体发表中的手势与答辩或演说中采用的手势明确地区分开来。

1. 手势的定义

在多媒体发表中,手势是指观众用眼睛接收发表者采用的手的姿势、胳膊的姿势、身体的姿势等对信息传达有很大帮助的动作。当发表者在用语言无法充分、明确传达信息时,就应该考虑使用手势。适当自然的手势可以让发表者看起来充满热情,信心十足。

2. 手势的功能

✪ 核心要点

发表者在表达自己意图的时候，虽然以言语表达为主，但也可以同时使用手势，辅助言语表达更好地传递信息。

在多媒体发表中，手势和语言同时使用，比单纯使用语言能传达更微妙多样的信息。当发表者用语言表达感到吃力，比如表达内心的感情时，手势比语言更为有效。

3. 手势的效果

✪ 核心要点

手势实际上就是用手的姿势、胳膊的姿势、身体的姿势等通过眼睛可以接收信息作为语言表达的辅助补充。通过灵活运用手势，可以更高效地说服听众。

还要注意，发表者自身的姿势自然，带着自信，可以更加激发听众的兴致。

手势的效果可以总结成如下几条：

（1）加速听众的理解。

（2）明确表达的信息。

（3）促使听众视线集中。

（4）避免听众对发表的内容产生厌倦。

（5）使发表者对发表的内容更自信。

（6）可以传达发表者坚定的信念。

（7）使听众对发表内容回味无穷。

4. 做手势的基本原则

✪ 核心要点

如果发表中发表者需要做手势，那么发表者一定要知道：做手势也有其原则，遵循原则做手势才会成功。

配合发表者讲解的内容与进程采取的手势要有张有驰，要控制节奏，那些没有明确的目的随便做的手势反而会引发负面效应。

遵循下面的原则做手势，则可以达到预期的目的。

A. 做手势时手和胳膊的基本姿态

- 做手势的时候手要放在哪里为好呢？

在发表进行中，每次手势结束的时候，胳膊应朝下自然垂落，将手轻轻放在裤线上。面前有讲台的时候，则把手轻轻地放在讲台上。

- 手的基本姿态

在多媒体发表中，不需要做手势的时候，手轻握（像拿着一个鸡蛋那样）比较好。

[发表者为男性时的情况]

千万不要把两只手或一只手放进衣兜，或两手交握在肚脐下面。其他过于散漫的姿势也要避免。

[发表者为女性时的情况]

如同 [图 18.8] 中所示的那样，一个胳膊自然下垂，另一只手抓着垂下的那只胳膊的上部，这样的姿势也要避免。

现场物语

没有摆好手势，是大多数发表者在进行发表时都会出现的失误。经常看到经验不足、缺乏自信、性格内向的发表者在进行发表时会出现不利于发表的手势，他们往往会由于不安或是紧张而摆弄手指甲、笔、激光笔、头发等。

[图 18.8] 一只胳膊下垂、另一只胳膊的手抓着这只胳膊的姿态

B. 采取和内容相一致的手势

手势一定要与言语表达的内容相一致才会有效。不要因为手上的动作很小就随意地使用，发表者采用的手势一定要和说话的内容、氛围完全一致才行。

要牢记，在任何情况下，手势都要和言语表达的内容相互对应。

手势是对语言内容的补充，可以用来帮助听众快速理解发表内容。因此，发表者在计划阶段就应该预先设计需要采取什么样的手势。

请先熟练掌握本书中记述的做手势的方法，对本书中没有记载的手势，再根据自己的个性取向去考察创作。

C. 需要用到手势的时候才采取相应的手势

在多媒体发表过程中，手势一定要只在需要的时候才自然地做出来配合表达，这样才会产生确实的效果。

即使是很微小的手上动作也会被看作是手势，所以对于不必要的手上动作一定要谨慎使用，在彩排阶段一定要随着情况和氛围先构思和练习采取何种手势。

要注意的是，忽视或过度滥用手势都会让听众感到厌倦。特别要注意避免那些没有任何用意却反复出现的手势，否则，在必须要做手势的时候反而无法取得相应的效果。

D. 做手势的时候要自然

不管手势是哪种类别，也不管动作是大还是小，需要遵循的基本原则都是自然。做手势要自然的意思是指，不要刻意装饰，或者机械地移动，也不要语塞，仿佛是在不知不觉中表现出来的。

做手势的时候，如果不自然，会令整个发表变得有失品味，那样也无法正确地传达信息，反而会引发负面的效果。所以，为了让自己表现得自然，在彩排阶段一定要一遍一遍地充分练习。

E. 做手势的时候要明确有力

不管是什么种类的手势，也不管动作是大还是小，一定要把动作做得很明确。为了把手势做得更明确，不只是手或胳膊，眼神也要坚定有力。

没有力量的手势看起来异常平淡，手势如果做得没有力量，需要强调的部分也就无法清晰明确的传达，还会给听众留下不自信的印象。

一定要留意，避免做手势时手指张开或是手指无力的情况发生，这样才能避免听众产生倦怠感，避免听众感到无聊和厌烦。

现场物语

配合发表内容的手势要自然，还要倾注力量。以右手为动力手的发表者使用右手，以左手为动力手的发表者使用左手做手势比较好。

例如，以右手为动力手的发表者指示屏幕上投影资料的上面部分的时候，右手五指并拢，右臂打开伸直，指示屏幕的上部。这个时候一定要给手和胳膊力量，视线也要与手指尖一致。

F. 不要把手势做得太复杂

在多媒体发表的过程中，采用的手势要简单明了。太过复杂的手势会引起听众的厌烦或愤怒，可能会把整个发表都搞乱了。

在我们东亚国家中，大多数人不仅是在日常生活中，就连公开发表时也不能熟练地运用手势，而且大多数人并不太看重对手势的运用。采取简单明了的手势会有助于听众们加深对发表内容的理解，这样发表者也更有自信驾驭现场。

G. 手势做得比说话的速度稍快

决定采用相应的手势固然重要，可是从另一个角度来说，把握做动作的时机也同样重要。

一般来说，做手势的时间比讲解稍微提前一点，效果才会好。

（1）先开始语言讲解，然后马上采取手势配合吗？

（2）讲解和手势同时进行吗？

（3）要先做一些手势，然后马上接着讲解吗？

上面的三种情况中哪种效果会更好呢？

从心理的层面来讲，采用第（3）项，即略微先做手势然后马上开始具体的示例讲解会更有效果。

让我们举个具体的例子来深入地探讨一下吧。

例如，说明屏幕上投影的英国地图里伦敦的位置（如 [图 18.9] 所示）。

[图 18.9] 在投影屏幕上的英国地图

在说“请看屏幕上英国地图里偏右侧的位置，这里是伦敦”的时候，用手势来指示和用言语来讲解，哪种方法先开始会更有效果呢？

经过调查，在这样的情况下，从心理的角度上来说，讲话之前先用手指着屏幕的右下方，听众们的视线也会在无意识中跟随着发表者的手势移动，所以先做手势然后再用语言来讲解的方法最有效果。

具体做法是，先说“屏幕上的英国地图里”，然后在稍微吸气的瞬间把手掌打开，抬起胳膊指向屏幕的右下方，完成这个动作后再说“请看右下方，这里是伦敦”。这样做，比先说“请看屏幕上英国地图里偏右侧的位置，这里是伦敦”，再做手势指示地图，会取得更好的效果。

H. 在做手势的时候眼睛需要看着手来讲解

发表者做好明确的手势的方法是，视线要与手指的方向一致。不管是多么小的动作也一定要这样做，手势只有这样才能表达清晰明确的意图。

发表界曾经有这样的说法:“手移动的时候，视线如果没有跟上，那就是多余的动作”。手和眼睛分别有各自的轨迹时，观众会在瞬间搞不清发表者的意图，这样的手势是毫无效果的。

强调 PPT 中重要内容，使其深刻地留在听众的印象中，有效的方法是做手势的时候视线与手指保持一致。

例如，在说明“这个系统的误差是 ±0.5μm（micrometer），非常精密”时，如果需要强调“非常精密”，发表现场应该如何做手势呢?

先说“这个系统的误差是 ±0.5μm”，然后把手抬起，留出大约一个眼睛的高度，大拇指和食指相对,再看着两个手指尖说“非常精密”。这样做绝对起到了强调“非常精密”的效果。

当发表者的视线在注视指尖的时候，听众的视线也无意识地望向了发表者的指尖。

I. 不要习惯性地做手势

不要习惯性地做手势。虽然在进行多媒体发表时需要配合相应的手势，可是，如果相同的手势无意识地反复使用，也会很容易让听众感到厌烦。从视觉上来说，人们都更喜欢看到新鲜的东西。

发表者们可以在发表前的彩排中，用摄像机把彩排的情况录下来，确认自己是否有无意义的手势或肢体语言，然后再改正过来。

这样的情况往往会在发表者不知不觉的时候发生，所以发表者一定要用录像来检讨自己无意识形成的坏习惯。

▶ 现场物语

笔者的熟人中有个在某风投企业的理事，每次做多媒体发表的时候总是习惯性地快速转动右手的手腕，然后在停止的瞬间把手掌打开朝向观众。有意思的是，他手转的速度会随着说话的速度而改变。更严重的问题是，他只要做多媒体发表的时候都会重复这样的动作。

请发表者一定要避免在不需要的时候使用同样的动作、手势。请发表者牢记，在发表的过程中，听众们如果一再看到相同的动作姿态，就会很容易感到厌烦。

5. 具体做手势的方法

A. 指示方向的手势

在五指并拢的状态下轻轻握拳，朝目标方向伸出胳膊，同时手掌也打开指向目标方向，这个时候手掌要朝向听众，如 [图 18.10] 所示。

手指和胳膊都要用力，手指不要张开，视线要和手指尖指向一致。这时一定要留意，以右手为动力手的发表者请使用右手，以左手为动力手的发表者请使用左手。

[图 18.10] 指向特定方向的手势

B. 指向听众或自己的手势

- 指向自己的手势

就像韩国式对国旗敬礼那样，右手掌打开放在胸部的中央（心窝）。这个时候左胳膊向下贴在肋部（请参考 [图 18.11] ）。

以左手为动力手的发表者请使用左手。

[图 18.11] 指向自己的手势

这个时候手指和胳膊都要用力，手指要避免张开。

- 指向听众的手势

向着听众伸出右臂，同时手掌向上。

以左手为动力手的发表者请使用左手。

做这个手势时如 [图 18.12] 的 (1) 那样可以使用一只手，也可以如 [图 18.12] 的 (2) 那样使用两只手。

这个时候胳膊和手指都要用力，一定不要把手指分开。

(1) 用一只手指示的手势

[图 18.12] 指向听众的手势

(2) 用两只手指示的手势

[图 18.12] 指向听众的手势（续）

◣ 现场物语

当发表进行的过程中，需要指向特定的某人时，一定要注意不要用食指直接指向那个人。如果直接用食指指示，被指的那个人心情可能马上变坏。

C. 表示计数的手势

发表时遇到需要数数的情况，伸出手到耳朵的高度，然后，伸出大拇指之后说“一”，再伸出食指说“二”，再伸出中指说“三”…… 这个时候需要注意的是，以右手为动力手的发表者请使用右手，以左手为动力手的发表者请使用左手。

要留意的是，做数数的手势时需要对胳膊用力直到手指尖，视线要聚焦到手指的指尖。

例如，需要强调是“三个”的时候，如 [图 18.13] 所示同时伸出食指，中指和无名指三个手指，看着手指的同时说“三个”，用这样的方式来强调确实是三个。

D. 表现拒绝和反对的手势

要表示拒绝的时候（如 [图 18.14] 所示），两个手打开伸到耳朵的高度，对于听众来说，这是很强烈很明显的动作。如果一只手拿着麦克风，只用另外一只手做手势就可以了。

需要留意的是，向前伸出的胳膊和手掌要有力量，同时视线也要看着手背。

表示反对的时候，用一只手掌打开，左右摆动就可以了。

[图 18.13] 表示数量为三时的手势

[图 18.14] 表示拒绝的手势

E. 表示邀请的手势

发表者向听众做表示拜托或邀请的手势时，要把五指并拢，两拳轻轻并拢贴到胸前，然后，将两个胳膊向前伸，两个手掌向着天空打开，伸向听众。

同样需要留意的是，以右手为动力手的发表者使用右手，以左手为动力手的发表者使用左手。做邀请的手势，从胳膊直到手指都要用力，同时要避免手指张开。例如，在"各位，对于我们开发的系统，请多关注吧" 这句话中，说 "请关注" 的时候试着使用邀请的手势。

正确的做法是，说完"各位，对于我们开发的系统"以后，五指并拢，两拳轻握贴在胸前，一边说“请多关注吧”，一边伸出两个手掌，向上打开，伸向观众。

F. 表示区分和比较的手势

表示区分或比较的时候，手指并拢，先向前伸出右臂，摊开右手，再向前伸出左臂，摊开左手。

这个时候也要给予手指和手臂以力量感，避免分开手指。例如，在说“大家要选择哪个系统呢？ A 系统还是 B 系统？”时应该如何做手势呢？

正确的做法是，先说“大家要选择哪个系统呢？”，然后先向前伸出右臂，摊开后说“A 系统呢？”，稍停顿后再说“或者”，然后向前伸出左臂，摊开后说“还是 B 系统呢？”。

G. 表示结合的手势

要做表现把两种事情结合在一起的手势时，先把右臂伸到与胸同齐的宽度和高度，再伸出左臂到与胸同齐的宽度和高度，然后将两只手交握起来。

在两只手交握之前要先把五指并拢，然后再把两个手掌握在一起，注意采取并排交握的姿势。

这个时候也要给予手指和手臂力量感，注意手指不要张开。例如，在对“A 系统的速度很快，相反 B 系统很精密。万一他们结合的话将变成很奇怪的系统”这句的说明练习时，先把右臂伸出到与胸同齐的宽度和高度，说“A 系统的速度快”，然后伸出左臂举到与胸同齐的宽度和高度，说“相反 B 系统很精密”，然后把两只手交握在一起，说“万一这两种系统结合在一起，将会变成一个非常奇怪的系统。”

H. 表示微细或是精密的手势

表现非常微小的量或是讲解精微的内容时，请举起右手大拇指，保持其根部和食指根部相对，留出约一个眼睛的宽度。如果是以左手为动力手的发表者，请使用左手。

这个时候也需要给予手臂力量感，直到手指，视线也要望向手指尖。例如，在说“这个系统的误差是 $\pm 0.5\mu m$，非常精密”时，如果要强调“非常精密”应该怎样做呢？

正确的做法是，说过“这个系统的误差是 $\pm 0.5\mu m$”之后，大拇指和食指尖相对，留约一个眼睛的宽度，紧接着视线也朝向两个指尖，说“非常精密”。

I. 表示宽或窄的手势

表示非常宽或非常窄的内容时采取的手势。

- 表示非常宽时的手势

两只手臂向前伸出相对之后，向两边分开，紧接着依次看向左右两边正在分开的手，这时手指之间也要尽量分开。

- 表示非常窄时的手势

两只手臂向前伸后，向内聚集，在留下约 10cm 的瞬间停下来，发表者的眼睛望向两只手掌之间。这个时候手指一定要保持分开，同时也要给予手臂和手指以力量感。

J. 表现大或小的手势

表示形状非常大或是非常小的时候，即表现大小时所用的手势。

- 表示非常大时的手势

两只手向前伸，同时右手向上、左手向下，右手的手指和左手的手指相对滞后，采取两只手最大分离的动作。这个时候，手指要从紧贴的状态变成打开的状态 。

- 表示非常小时的手势

如同上面表示非常大的动作那样，同时向上下分开两臂之后，两臂向内汇合，在两只手掌的间距大约留 10cm 的瞬间停下，眼睛望向两个手掌中间。这个时候，紧贴的手指一定要打开，同时也要给予手臂和手掌力量感。

K. 表示多或少的情况的手势

表示量非常多或是特别少时采取的手势，即表现多少的手势。

- 表现非常多时的手势

两只手臂向前伸出，手掌相贴，两只胳膊像拉弓一样张开到两侧，然后对两侧分开的手依次看一下。在这里，手指之间要保持最大的张度，同时采取向内弯曲的模样，仿佛两只胳膊中间有个很重的米袋。

- 表现非常少时的手势

两只手臂伸向两侧张开，然后向内靠拢，在两个手掌之间留出约 10cm 的间距瞬间停下来。这个时候，手指要采取向内弯曲的模样，仿佛两只手拿着一个气球的样子。眼睛要凝视着两只手的中间。这个时候也要给予手臂和手指力量感。

第十九章
互　动

在多媒体发表中，互动的意义在于，互动是发表者与听众之间通过相互交流的行动或反应从而引起共鸣的过程。

要想让发表成功，发表者一定要与听众进行交流，形成共鸣。也就是说，即使发表者一个人把话说得精彩漂亮，言语表达非常专业流畅，也不一定能保证发表成功。因为，无论发表者讲解得多么精彩，一旦听众不愿意听取，心不在焉，发表就会走向失败。

在发表过程中，如果发表者不看听众的反应，不进行互动，而是一厢情愿地自说自话，就会变成 one-man show 了。这样的情况下，听众们听懂了什么、没听懂什么、因为什么而感动、或因为什么而失望，发表者统统无从知晓。

19.1 互动

1. 不要事先分发打印资料

✪ 核心要点

在多媒体发表开始之前，不要事先把印刷品分发给听众。如果听众有需要，讲解内容的打印资料可以等到发表结束之后再发给他们。

如果印着发表内容的印刷品先发给了听众，听众们的视线就不会集中在发表者身上，反而会落到印刷品上。听众们眼睛看着印刷品，耳朵听着发表的内容，注意力难免会分散下降，导致发表效果不好，这样的例子有很多。

另外，如果听众事先看了印刷品，他们便有可能对发表者还没有讲到的内容进行提问。

可见，先分发了印刷品，常常会妨碍发表的正常流程，打乱发表的节奏。

可是，在论文发表、学术研讨、就业面试、学科发表、选定课题发表、课题结果评价等情况下，主办方事先要求了要提供印刷品，这时候也只能先提供印刷品了。

◣ 现场物语

笔者在韩国科技大学 (KAIST) 和大田大德研究特区的科学技术研究院 (UST) 里做以“Digital Color Processing”为主题的课堂授课时，事实上也没有事先发放相应的讲义印刷资料，为了要形成与学生之间的共鸣，授课中需要通过与学生的眼神来进行交流。当然，笔者在最开始的时候，已经事先说明了没有发放印刷品的理由。

学生们理解了笔者的意图，并积极认真地聆听了讲课，并且每次讲课都很成功，学生们在消化那些生涩难懂的内容时并没有遇到困难，并且在期末测试时验证了这种教学方法的效果是很优秀的。

2. 把握听众们的反映

✪ 核心要点

对于发表的内容，听众理解得好还是不好，所持的态度是肯定的还是否定的，发表者在发表时应随时观察把握听众的反应。

在看到听众对发表的内容反映出不理解或不欣赏时，发表者需要及时改变发表的方法或流程。

多媒体发表的成功与否取决于发表者与听众之间形成共识的程度。一定要牢记，正确的感知和把握听众的反应，可以保证发表成功。

发表者应该随时留意有没有听众在打盹或是睡觉、皱眉、耸肩、看别的地方、叉着胳膊等。如果很多听众都有这样的反应，说明发表者的报告方法有问题。

下面是与听众的反应相对应的含义。

闭上眼睛：厌烦

皱眉：否定、无聊

耸肩：疑问

看着窗外：无趣，厌烦

经常看着旁边：无趣，无聊

叉着胳膊：思考、厌烦、非善意的

用手托着下巴：厌烦、保留判断

玩圆珠笔等：怀疑、无聊

点头：肯定的，善意的

注视发表者：有兴趣的、肯定的

随着发表者的话点头：肯定的，感兴趣的

3. 回应听众反应的方法

✪ 核心要点

当看到听众做出否定的、厌烦的或者不能理解等不好的反应时，发表者要立刻做出回应。

当听众中有一、两个人做出厌烦的反应时，其他人也有可能被传染。所以发表者要在发表的过程中，通过保持与听众进行持续的眼神交流来观察听众的表情和行动，一旦发现了否定的反应，便要及时作出回应。

当判断听众有如下反应时，须从对应方法中选一个恰当的来回应。

- 看见听众持否定的反应时

多做一些姿势和动作；

转换话题；

强化视线交流；

通过对与发表内容及相关内容的提问，使听众积极地参与到发表中来。

- 看到听众表现出无聊的反应时

讲讲笑话或是讲讲自身的经验；

稍微变换一下内容，调整一下听众的注意力；

引导听众伸懒腰或拍手来调整氛围。

- 看到有听众打盹时

对紧挨着正在打盹听众的听众提问；

站在打盹的人旁边进行发表；

向全体听众提出与众不同的提问。

- 当听众出现不理解的情况时

放慢讲话的速度；

一字一句地说；

举一个简单的例子来反复说明；

用手势来强化。

由于听众的反应有千变万化，所以本书也无法对听众的所有反应一一说明。

现场物语

笔者对在研讨会、邀请演讲、本科或者研究生的授课过程中，看到听众产生厌烦或是出现了瞌睡等不良反应时的回应方法介绍如下。

可先从屏幕旁边徐徐地朝听众的方向走去，与此同时仍然继续进行讲解；

马上向问题听众的旁边移动，同时放慢语速一字一句清晰地说明；

如果现场状况还没有明显变化，要配合使用明显的手势，稍微提高嗓音，重复一次重要紧要的单词或文章段落。

如果还是没有效果，就直接向坐在他身旁的人提问。

这样，除去铁了心的人，大部分的人都会调整姿势，睁大眼睛，张开耳朵，被发表者的话吸引，进入积极的状态。

19.2 提问和应答

多媒体发表的成功与否，取决于发表者与听众之间形成共识的程度。一定要牢记，正确的感知和把握听众的反应，可以保证发表成功中非常重要的环节之一就是提问和应答。

发表者之所以卖力地表现自己，说明自己的主张，就是期望所有的听众都能对发表的内容有很好的理解。

即使这样，可能还是会有听众对某些内容提出不同的意见或主张。正因如此，在发表过程中一定要有提问的环节，而在这个环节，发表者和听众双方都会受益匪浅。不管之前讲解环节有多么完美优秀，如果提问环节很不熟练，听众还是会对发表者和发表内容感到失望的。

1. 发表者对听众提问的环节

A. 提问的效果

✪ 核心要点

发表者对听众提问可以期待如下效果：

可以集中听众对发表内容本身的注意力；

可以激发听众的兴趣和参与度；

可以把握和增强听众的理解程度；

可以把握听众的想法或其他信息。

对听众提问的同时可以期待如下效果：

第一，可以集中听众对发表内容本身的注意力。

发表者用普通的发表方法一味地讲解，听众们的注意力就很容易分散，对接下来要讲解的内容也可能失去兴趣。可如果讲解的同时配合提问，就可以集中听众对发表本身的注意力。

第二，可以激发听众的兴趣和参与度。

发表者用普通的发表方法一味地讲解，听众中可能有人会对发表的内容失去兴趣。可如果讲解的同时配合提问，则可以激发听众的兴趣和参与度。

第三，可以把握和增强听众的理解程度。

发表者用普通的发表方法一味地讲解，听众中可能有人会对发表的内容无法理解。可如果发表的同时配合提问，则可以了解听众对发表内容理解了多少，并以此为基础增强听众的理解程度。

第四，可以把握听众的想法或其他信息。

发表者用普通的发表方法一味地讲解，可能无法把握听众们对发表的内容有什么想法，听众的其他信息就这样略过了。可如果发表的同时配合提问，就可以掌握听众们对发表内容的看法，同时还能了解听众的其他信息。

B. 提问方式

✪ 核心要点

发表者面向听众提问时，如果仅以自我为中心随意提问，不仅无法得到期待的效果，稍有不慎还会弄巧成拙。提问也要注意计划性和合理性，这样才能达到预期的效果。

提问要通过合适的角度和合理的方式才能发挥效果，所有的提问都要有其自身的意图，发表者需要针对自己的意图来准备提问。

根据向听众提问的目的不同，提问可以分成三种方法。

第一，想要调节氛围的时候。

这种情况下的提问，是因为看到有人对发表的内容感到缺乏兴趣或是厌烦，以调节气氛为目标，向一部分或者几个人提问。

- 向特定的人提问

看到有听众打瞌睡时，发表者可以马上向坐在他旁边的人提问，这样可以使整个氛围变得紧张。此时的提问，要找已经讲解过的内容中容易回答且有趣的内容来提问。

- 向全体听众提问

当发表的内容本身很难理解，大多数听众都表现出了不太懂的反应，或是因为是在饭后的时间进行发表，很多人都容易瞌睡，这时可以面向全体听众提问。这时提问的问题如果很难回答，反而会引起不好的效果，所以要选易于回答的内容进行提问。

第二，强调发表或说明的内容（强调目的）的时候。

对于很重要的内容，与其说明以后再来提问，不如在说明之前先对两到三人提问。此时，那两、三个人的答案不是正解也无妨。先听完答案以后，发表者再对提问的内容进行说明。此时，可以向前走一两步，再调节一下嗓音和语速，眼神要显得更坚定，这样配合说明会更有效果。

第三，向听众确认发表或是说明的内容是否被理解的时候。

要确认听众们对发表的内容是否很好地理解时，可以进行提问。在发表结束部分，可以对两、三名听众就发表的核心内容进行提问。

对听众提问的时候需要特别注意如下事项：

合适的提问角度；

不要让提问有攻击性；

要以一问一答为原则；

不要对同一个问题反复提问；

不要向特定的人集中提问；

不要把自己逼入窘境；

即使对方给出了令自己失望或是没能满足自己期待的答案，也要给予肯定的回应。

现场物语

古代圣贤先哲往往都是优秀的提问者。纵观关于孔子、孟子、老子、苏格拉底等圣贤的记录，他们也都是通过与弟子的问答来教授弟子们的。

提问回答环节可以促进听众思考，诱发他们的好奇心，使他们更积极地参与到发表中来。

作者在研讨会、邀请讲演、本科或者研究生的授课过程中都很享受问答的发表方式。

由于笔者研究的是“电子色彩处理”这个领域，这个领域不仅在韩国，即使在全世界的范围内竞争也很激烈，属于新兴的领域。在这个适用于展示、相机、彩色打印机等尖端产品的领域中，很多人都有相同的困惑，所以问答环节可以相互给予很多启发。

2. 发表者回答听众提问的环节（得到听众提问并回答）

对听众的提问做出明确的回答被誉为“多媒体发表之锦上添花”。

比起短则几日、几周甚至长达数月用尽功夫准备的发表资料，对听众的提问给予明确的答复会有事半功倍的功效。

对于关于核心创意、核心内容的提问给予的精彩答复，可以让发表者和听众之间形成积极的共鸣，这是完成优秀发表的最佳捷径。

A. 回答的角度

✪ 核心要点

对听众的提问进行精彩答复的要素之一就是回答的角度。面对没有任何想法或是轻率无计划性的提问，随意的答复很有可能断送良好的发表过程。

为了确保发表成功，发表者需要在讲解开始的阶段就对听众们说清楚可以在何时开始提问。

在很多时候，发表者都会在发表之前事先介绍何时可以进行提问，可是，经验不足的发表者会由于慌张而忘记将提问的时间告知听众。为了有效地进行发表，一定要事先把提问的相关注意事项告知给听众。

- 在发表的时候随时得到提问

在对小团体进行发表，不是很重视形式的情况下，在发表过程中被提问也是件好事。

这种情况，需要事先向听众说明，无论何时以何种方式提问都是可以的。并且要对听众说明，请在提问的时候举手示意。

万一没有事先说明，突然冒出来的提问可能会妨碍发表的正常进行。当提问者举手的时候，发表者可以把要讲解的内容全都说完，再在举手的人中指定一名来提出问题，这样做可以避免妨碍正常发表，使发表过程按照发表者的意愿来进行。

优点

这种情况对听众有利。在进行产品或开发品等试验的时候，不马上提问的话，机会就溜走了，以后再确认就很难，所以这种情况下用这种方法是很有效的。这样的情况对发表者也有有利之处。发表者可以一边进行发表，一边了解听众关心的问题，或了解听众的疑问点在哪里，还可以通过听众的提问来考察听众的专业水平，也可以通过这种方法及时来调整讲解的重点和顺序。

缺点

在发表过程中如果准许听众提问，容易在两个方面出现问题。一方面，发表者事先准备好的流程可能会因此出现差错；另一方面，提问的内容有可能抢在讲解内容的前面，或者提问者可能仅对自己关心的问题提问。

- 分段之后再让听众来进行提问

在发表过程中把发表的内容分段整理后，再让观众提问，这是个行之有效的方法。

这里所指的把内容分段的概念，是把整体连贯的内容分成一段一段的形态。例如，在发表过程中，把某段的内容讲解之后对听众说：“请各位对到现在为止讲解的内容进行提问。”然后再针对提问给出答案。

优点

在发表过程中通过听众的提问来确认把握听众对什么内容关心或是对什么内容有疑问，按发表进行的情况来随时调整发表。

还有另外的优点就是可以按照发表者想要的流程来进行发表。

缺点

在发表进行中，引入提问可能会对整体发表的进行产生障碍。

这个方法最致命的问题就是时间管理。因为大部分的发表都需要在限定的时间内完成，所以提问与答复常常会给发表者带来很大的心理负担。发表者带着被催促的心理进行发表，发表的速度就会不自觉地变快，不仅给人匆匆忙忙的感觉，而且还有可能遗漏重要的内容，引发听众的不满。

- 等发表全部结束之后再让听众提问

在面向许多人做的十分正式的发表，还是在发表结束之后再让听众提问比较好。一定要在开始阶段就事先告知听众，如果他们在发表的过程中有问题想要提问，一定要用便签纸先做好记录。

优点

等全部发表结束之后再被听众提问，可以确保发表不在途中被打断，从而保证整个发表过程基本按照发表者的意图来完成，对发表者而言这是很有效的方法。因为在没有被提问者妨碍的情况下，按照事先准备好的流程来进行的发表基本上不会出现差错。

这种方法的优点是可以按照发表者想要的流程来进行发表，便于管理时间。

缺点

等全部发表结束之后再让听众提问，会使发表者无法很好地了解听众的真实水平，无法随时调整发表的内容、强调的重点和优先的顺序。

万一发表者想要把握听众关心的内容或是他们的疑问在哪，也可以在发表的过程中向听众提问，听完他们的回答之后进行简单的分析，然后再继续完成后面的发表内容。

B. 提问的种类

✪ 核心要点

当提问回答环节有效地进行时，发表完全可以完成得很成功。如果把提问回答环节想得过于简单，没有做任何事先的预案或准备，则需要直接面对与自己预想不一致的问题，甚至会有让发表者心里难受、惶恐、或不支持的提问。

一定要牢记，对这样的问题需要事先做好预案或准备，没有事先准备好就很可能会陷入非常窘迫的境地。

根据提问的性质不同，发表者可能要瞬间面对危机，也可能会遇到为了彰显自身才华而提问的听众，因此更需要好好地准备。

偶尔也会遇到与发表主题完全不相关的提问，或者是发表者也不知道的内容，甚至是令发表者感到紧张的难以回答的问题。

所以在回答提问者的问题时，不要马上做答，而是要先判断提问是何种类型、提问的目的是什么，然后再开始回答。

请记住，提问也是有很多类型的，对此要事先做好预案和准备。

以下是提问的种类：

为了获取发表者的信息而进行的提问；

想确认发表者的想法和意见而进行的提问；

为了确认发表或说明的内容中不明确的事项而进行的提问；

为了向发表者或其他听众披露自己意见的提问；

为了向发表者或其他听众显示自身存在价值（即表现自己很优秀）而进行的提问。

C. 答问的方法

在多媒体发表的过程中，发表者在合理的位置灵活运用有效的嗓音、肢体语言来明确传达信息固然很重要，但与之同等重要的是，对听众的提问采取的回答技巧。

还要注意的是，发表者把握提问的种类很重要，可是从被提问直到回答问题需要注意的事项不止一两项。

下面记述了 12 种重要的答问方法，请先熟悉他们的意义，然后通过努力练习把他们变成自己的习惯。

12 种方法是按发表进行的先后顺序和重要程度来记述的。

✪ 核心要点

a. 注意称谓。

b. 仔细聆听提问并给提问者称赞。

c. 亲切地对待提问者。

d. 不只是与提问者，同时也要与其他听众视线交流。

e. 把握提问本身的真正意图。

f. 反复地确认提问，与听众保持一致。

g. 不要刺激提问者，使其心情不悦。

h. 熟练掌握对回答困难或不知道该如何回答的提问的回答要领。

i. 沉着对待反对意见，并理性地处理。

j. 不要被几个或部分提问者所左右。

k. 从结论开始，简洁地分阶段地回答问题。

l. 回答问题的时候要注意与发表的内容相连接。

a. 注意称谓

发表者一定要特别注意，不要拿提问者的身体特征或外貌特性来称呼提问者，这样的称呼不仅会让提问者的心情瞬间变坏，还可能由此而产生令发表者慌乱的局面。

例如，脸部皮肤格外黑的人提问时，发表者如果说“那边后数第三排坐着的那位黑脸的人士，请站起来提问吧。”提问者会是什么表情呢？提问者即使在遇到这样的情况之前也为自己脸部的肤色而感到苦闷，要是公共场合听到这样的称呼心里哪还有愉悦的道理？

所以，面对这样的情况，千万不要言及提问者的身体特征或是外貌特性，而应用前面教过的指示方法指示提问者。

例如，与提问者对视，同时打开手臂和手掌，边指向提问者边说：“坐在那边的先生，请站起来提问吧。”

b. 带着尊敬倾听提问者并给予称赞

在发表的结尾阶段，要想把提问回答环节进行得很成功，就要注意做到真挚仔细地倾听提问者。真正仔细地聆听可以给出更加优秀的答案。

这时候，用期待的姿势和动作向提问者投注视线，并真诚地倾听提问，用频频点头来示意自己在仔细聆听，像西方人那样发出“嗯～嗯”的鼻音表示确认。

对语塞的提问者或可笑的问题也要报以亲切的微笑。

不要在提问者提问的过程中打断提问，而抢白式的回答是行不通的。遇到了预想中的提问，谁都想赶紧抢着回答，即使有这样的冲动也要忍着才行。在提问过程中的抢答，会让提问者觉得发表者很唐突，还没有把提问的意义完全理解就抢答，因而对发表者产生不信任的感觉。

一定要特别留意，有些发表者边听着提问边做出摆弄笔记本或资料的小动作，不与提问者进行视线交流，而这样会被看成是对提问者的无礼和轻视。

现场物语

日常对话当中倾听别人说话很重要，在多媒体发表过程中更是如此。从受欢迎的一般人到备受尊敬的长者，共同的特点就是善于倾听别人的说话。

可是，在职场中职位稍微高的人，甭说倾听别人说话，就是绝情地轻视忽略他人建议的情况也存在。他们这样做，可能是为了维持自己的“品味”吧。

笔者在大田大德研究特区期间，有位相处了很长时间的 X 博士，他在干部会议的多媒体发表过程中，无论当下属职员提出了什么样的好意见或好想法，他都会说：

“哎，这样的胡诌也能叫做好想法？”“喂，在这里有不知道这个的吗？”“天啊，我也知道这个呀！你是想教我才这样吗？”

问题是，把轻视别人的话误以为是提高自己的威望或身份的人，经常在社会中被别人当成垃圾一样指着鼻子骂。X 博士也正是如此。

不同的是，另外一个上司，S 博士，在同样的情况下却经常说：

“真是有启发的想法啊！嗯，这样非常好，真好！”“确实，正是如此啊！非常好！”

S 博士是韩国 IT 领域的一位著名学者，圈子里的每个人都很尊敬他，直到现在也是如此。

不只是提问，当听众们提出新的或有趣的意见、想法时，发表者要表现出具体的感谢或称赞的理由，同时真诚地微笑，并要真心地感到高兴才好。

例如说“刚才提问的那位提出了新的想法，这个想法好像是截止到现在这个领域中第一次被提出的。”

提问者们比起一般人对发表的内容往往更加关心。这样的人是下了很大的决心才提问的，当然值得称赞。根据答案的正确程度，他们很可能会站在发表者一边，所以一定要很尊敬地对待他们。

还有，即使是提问者的提问内容反映出他们对已经说明的内容没有很好地理解，对提问内容的本身也不是很清楚时，也要先感谢他们的提问，并对提问给予欢迎。

例如“您提出了非常尖锐的问题啊。关于您的提问我已经说明过，看起来是对我的说明理解上还有点难啊。那么，我在回答您的提问之前先把核心要点再一次奉上吧。”

还有，在面对与发表的内容相反的情况时也要言及，“首先感谢您如此尖锐的提问。刚才您提问的要点是……这个内容和我奉上的内容……观点是相反的。”

c. 亲切地对待提问者

可以说“多媒体发表中听众是上帝”。所以，一定要把这句话放在心上，而不仅是表面意义上的理解，不管是遇到什么样的提问，也要避免使提问者慌张或怄气，亲切地对待他们。

提问者往往和大部分的听众抱有一样的想法，所以请从好好对待听众开始，给予他们充分的肯定。

有很多提问者会在很多人或听众面前言语表达不熟练，或因为自己性格内向而在提问的时候发抖，或因为害羞而无法很好地表达。遇到这样的情况，发表者要有雅量，给予他和其他听众亲切的对待，那么听众也会对发表者持有很好的印象。

提问者之中有时也有属于性格不太正常性格的人。例如只想表现自己、性格怪异、每件事都喜欢歪曲的人。

对这样的提问者也不要显出慌张的表情，面带微笑并亲切地为他着想就好了，表现出对答案准备得绰绰有余的样子，那么与此同时，其他的听众也会更加敬佩发表者。

d. 不只是对提问者，对其他听众也需要眼神交流

提问应答环节中也要有眼神的交流才行。刚开始时，发表者的身体面向提问者，与提问者进行眼神交流，倾听提问者的问题，一边频频点头一边连续地说："是，是啊"等迎合提问者的话，然后再徐徐地与其他观众交流眼神。

提问者提问的过程中，发表者要避免翻弄笔记本、发表资料或是目光恍惚地看着窗外。

e. 把握提问的真正意图

当提问被提出来的时候不要立刻作答，考虑好提问者提问的意图是什么之后再作答比较好。立刻回答提问，可能造成答案与提问相去甚远的情况，即答非所问。

还有可能遇到故意给发表者穿小鞋，或故意挖苦发表者的提问者，遇到这样的情况也不要惊慌或贸然采取行动，而应该沉着应对，冷静回答。

按目的，提问可以分成如下类型：

表示对发表的内容无法理解的提问；

为了确认说明内容而进行的提问；

对说明的内容产生误解而进行的提问；

单纯披露自己意见的提问；

为了炫耀自己而进行的提问；

故意找茬类的提问。

f. 反复确认提问的内容，与听众保持一致

在对提问做出回答之前，把提问的内容先简单地分解，然后再用清晰的嗓音把要点重复一下。

之所以这样做，是因为有些提问者在听众面前会有言语表达不熟练的情况，听众们可能会出现对提问不理解，或由于提问者的嗓音过小，听众们无法听到的情况。

发表者重复提问内容，不仅可以确认自己是否正确理解了提出的问题，还可以为做出让提问者和听众都满意的答案留出足够的思考时间。

提问的内容简要地分解，再重复一遍，听众就可以明确地理解提问的要点，同时听众也可以对提问产生共鸣。

可是，不熟练的发表者经常犯的错误就是，对刚刚得到的提问没有反复确认，而是直接给出了答案。这样的情况可能会造成答案和提问的内容不相符的问题，结果成了答非所问。下面通过一些简单的例子，我们来看看重复问题的方法。

"首先,对您的提问表示感谢。我对提问的内容简单的归纳一下吧。提问的内容是……对吗？"

"首先，对您提出的意见表示感谢。提出的意见的内容是……吗？"

"首先，感谢您的关心。根据我的理解……是……这样是您说的意思吗？那么请让我对他们之间的关系作一个简单的说明吧。"

g. 不要刺激提问者，使其心情不好

即便是遇到了提问者的语言表达很生疏、讲话没有条理、胡言乱语、提问的内容与发表者说明的问题正好相反、硬挑毛病等情况，也不要做出令提问者心情不好的表情，或说出使他心情不好的话。

提问者可以大致分为以下几类：认同发表的理论范围但是没能理解好发表内容的情况，因没有在听众面前讲话的经验所以本人无法很好表达的情况，性格内向在很多人面前怯场说话声音像蚊子一样小的情况，此时发表者要好好辨别这些情况，并及时给予他们帮助。

如下的内容是发表者对提问者绝对不能说的话：

"现在您说的是什么话？我完全不能理解！"

"您这个也是提问吗？"

"连这个也不知道就提问了？真是个幼稚的问题！"

"是，我虽然知道您说的是什么，您是从哪看到这个的呢？或者谁说过这样的胡话？"

还有，总有那种对每件事都持否定态度或喜欢攻击他人的人。不管发表者讲解得如何精彩，态度多么亲切慈祥，也有可能遇到喜欢硬挑毛病或持反对意见的提问者。拥有这样性格的人，即使做出要推翻整个发表提问的出格举动，发表者也不要像他那样反过来攻击他，而要宽厚包容。

万一发表者被提问者的狂妄问题刺激，向提问者那样说出表示反击的话，听众反而会站在提问者那边，误认为是发表者有问题。这和“螃蟹和河虾是一伙的”是同样的道理。

h. 熟练掌握对回答困难或是不知道该如何回答的提问的回答要领

在提问回答的环节中，可能会遇到很简单容易驾驭的问题，也有可能会遇到很难回答的问题。当提问者对提问很难回答的时候，也没有必要很露骨地说“这个问题好难啊”，没必要对这种问题往心里去。

发表者如果直接承认问题很难回答这个事实，听众就会因此失去喜欢发表者的理由，反而可能会因此使发表者陷入专业知识不足的危险和泥潭中。

发表者不要说如下的话：

“哎呀，我对提问的内容也不太知道。”

“这个提问对我来说是很难的提问。”

可是，对提问的内容完全不知道的情况下也不能马上进行大概的回答，承认自己对提问没有准备好，为以后一定给出答案做个约定，也是一种好办法。所以回答“下次通过 E-mail 送上答案”这样的回答是比较明智的。

例如，及时地对提问表示肯定，然后说：“非常感谢给出了这么好的问题。我现在虽然对这个答案没有准备好，待我准备好答案以后一定通过 E-mail 寄给您。”

对于公司的重要情报或是机密事项等回答起来很困难的情况，由于是保密机制，所以直接说不能给出答案的原因是聪明的方法。例如，像这样回答：“真是对不起，这是我们公司的机密，所以没办法对您说。”

i. 沉着处理反对意见并理性对待

在多媒体发表的过程，遭遇反对意见也是正常的。万一反对意见提得不是很合理，为了避免把与提问者的纷争闹大，要对提出的反对意见给予肯定。同时，发表者要注意降低自己的音量，控制自己的愤怒情绪。

当提问者的反对意见很合理时，发表者要马上表达自己会使用该建议的立场。比如说“很感谢您提出了这么好的建议，这是个非常有启发的方法啊”等这样的话。

还要注意的是，当提问者的意见不好时，比起把不好的意见直接揭穿，还不如好好地指明到底是哪里不好，仔细地论证说明，只有这样才能得到提问者的肯定。比如这样说“多谢您给出了宝贵的建议。可是这个方法我也试过，这个方法比…方法需要更多的计算时间”。

j. 不要被一部分或几个提问者所左右

提问回答进行中，会遇到有些听众喜欢显示或炫耀自己，而把不是很重要的提问反复地说的情况。对这样的人，要适当地在开始之前就做好提示和防范。

发表者也会遇到被一两个人连续提问，而被主导提问回答环节的情况。有些提问者为了炫耀自己，在发表者刚刚回答完上一个提问之后，因为怕被别人抢先提问，而马上抢着提问，甚至连手都不举就直接提问，这样很没礼貌的情况也是有的。

为了防止被一两个人独霸提问，最好在提问回答环节的开始阶段就要说“提问的时候一定要举手”这样的话。还要注意的是，发表者最好从举手的人中指定一个人来给予提问的机会。

这样做就可以防止一部分或几个人主导提问回答的环节，也可以在多媒体发表预定的时间内给更多人提问的机会。

k. 从结论开始简要的、分阶段的来回答问题

不要在刚提问结束后，马上回答问题，最好稍微用一点时间构想一下答案的内容。这里所说的一点时间，虽然只有很短的一瞬间，却为自己留有余地。

例如，一边说“感谢你的提问”、“多谢给予了很好的评论”，一边构想答案。

然后从结论开始回答，展示支持结论的所需要的资料、示例、证据等，这样分阶段的回答提问更合理。

l. 尽量使答问的内容和多媒体发表的内容相关联

答问的内容要附和已经讲解过的发表内容。不管答问的内容是否涵盖了发表的内容，一点关联也没有的回答都会降低听众对发表整体的信赖感。

现场物语

笔者观察在大德研究特区里进行的多媒体发表，主要是高级干部、博士等提问答辩，他们在必须说明的内容之外总还会有很多不必要的说明。观察了好一段时间，笔者发现他们总会不知不觉地把陈述内容的重点搞混。

再怎么对多媒体发表的内容具备丰富的专业知识，如果答辩环节冗长而漏洞百出，听众们也是很容易不满的。

第二十章

准备和彩排

在多媒体发表中设置准备和彩排阶段是可取的，把这两个阶段单独地区分为两个模块更为合理。

准备过程中包含了彩排，也包含了发表之前和发表当天所需要准备的东西。

彩排是把事先准备好的 PPT 内容投影在屏幕上，像实际发表那样进行发表演练，检验问题的所在，然后改正错误补充不足。这是为了成功的发表而必须做的重要准备工作。

✪ 核心要点

多媒体发表的成功取决于准备和彩排，这是一句永不过时的话。即使是第一次做发表的人，如果做了充分的准备，很好地进行了实战彩排，同样也可以取得发表的成功。

20.1 准备

✪ 核心要点

在准备阶段中，发表当天所需要的东西，在正式发表前一定要一丝不差地准备好。而彩排，不仅是重要的准备工作，更是检验是否准备好了的有效手段。

如果发表当天落下了任何一种物品、忽略了任何一件事情，都会使发表变得很狼狈。

准备阶段最先着手的事情应该是做核对清单。核对清单有如下几种：

第一，核对幻灯片内容所需要的清单；

第二，彩排阶段需要的核对清单；

第三，发表当天所需要的核对清单。

如果没有准备核对清单，而只是粗略地进行实战彩排，则可能会发生这样那样的失误。不要怕麻烦，为了作一个成功的发表，请积极准备核对清单。

1.PPT 幻灯片内容核对清单

✪ 核心要点

及早动手准备做可以逐项清点发表的清单，如果没有核对清单，很难能如预期的那样把发表的资料准备得面面俱到。

纵观多媒体发表的准备、多媒体制作、彩排，以及实际发表过程，大部分发表者都把大部分时间精力集中地投入到制作幻灯片的方面，对完成的幻灯片进行反复检查、修正、补充，而对准备流程中的其他环节则很少关心。

为了做成完美的发表资料，可以先制作如下用于检验 PPT 草稿的核对清单，如 [表 20.1] 所示。

【表 20.1】幻灯片核对清单

检查内容	主要检查事项	
	O/X	采取措施
(1) 一张幻灯片里有几行字?	(行)	行数超过 10 行需要缩减
(2) 幻灯片的内容是不是做得很简洁?		
(3) 幻灯片内容的节奏和构成方面是否存在问题?		
(4) 是否遗落了重要的内容?		
(5) 有没有废话?		
(6) 内容中是否有错误?		
(7) 内容或文字是否易于理解?		
(8) 共采用了几种底色?	(种)	
(9) 使用了几种颜色的字?	(种)	颜色超过 4 种则需要删减
(10) 设计是否具有统一性?		
(11) 整体布局是否具有统一性?		
(12) 图形和图像是不是太小了?（需要到发表现场，在最后一排座椅的位置对着屏幕进行观察调试）		
(13) 使用的字号是不是太小了?（需要到发表现场，在最后一排座椅的位置对着屏幕进行观察调试）		
(14) 底纹的颜色是不是太重了或是太浅了，是否需要用别的颜色来替换?（需要到发表现场，在最后一排座椅的位置对着屏幕进行观察调试）		
(15) 一张 PPT 中是否包含了过多的内容?		
(16) 是否有错别字或遗漏字?		

续表

检查内容	主要检查事项	
	O/X	采取措施
（17）缩略字是否没有解释清楚?		
（18）专用语是否没有添加注释就使用了?		
（19）公司内部的用语是否没有添加注释就使用了?		
（20）对于可能的提问是否把说明用的资料都准备好了?		

如【表 20.1】的核对清单一样，对幻灯片内容检查的项目一共有 20 个。事实上，实际的清点项目也可以随发表者所属的单位、学校等实际情况追加调整。

由于本书的内容不包含对发表内容的具体操作，所以并没有准备像上面一样详细的用于发表内容的核对清单。

2. 彩排用的核对清单

✪ 核心要点

像做幻灯片核对清单一样，做好彩排核对清单，没有这样的清单很难严格掌控实际的彩排。

纵观多媒体发表的彩排，大部分是在没有核对清单的情况下大略地过一下。这种情况的发生，可能是因为发表者不知道应该在彩排过程中检查什么、如何改善而造成的。所以，对彩排事先要有一个很客观、很完整、很有操作性的准备。

在这样的情况下，为了顺利地进行彩排，需要的彩排核对清单如 [表 20.2] 所示。

【表 20.2】彩排核对清单

检查内容	主要清点事项	
	O/X	采取措施
（1）室内照明是否调整妥当?		
（2）开场白是否合适?		
（3）对答疑环节的要求的介绍是否合适?		
（4）是否检查了幻灯片底色与室内环境的适合度?		

续表

检查内容	主要清点事项	
	O/X	采取措施
（5）选择的文本字体是否适合?		
（6）文字的大小是否适合? （标题和内容的字体大小全都适合的情况写：O)		
（7）文本颜色的选择是否适合?		
（8）是否很好地使用了编排控制标签?		
（9）是否灵活运用了页面和排练记时功能?		
（10）是否有效地使用了幻灯片中的动画功能?		
（11）是否在幻灯片中留出了充分的空白区域（约 25% 以上）?		
（12）站在了屏幕的哪边? 是否合适? （面向屏幕的时候，以右手为动力手的发表者请站在屏幕的右边，以左手为动力手的发表者请站在屏幕的左边）		
（13）是否站在屏幕的附近?		
（14）自我介绍充分吗?		
（15）开场白中是否有不必要的内容? （例如：没有水平的话，准备不够充分多余的话等）		
（16）是否有效地使用了遥控器? （没用的时候是否暂时放在兜里等）		
（17）是否恰当地使用了指示棒或激光笔?		
（18）指示特定位置的时候，在可以看到手指的状态下，眼神是否朝着胳膊的方向?		
（19）必要的时候，是否指示了屏幕上的发表资料的特定部分?		
（20）在发表的时候，语速是否正常? （是不是过快或是过慢）		
（21）说话的声音有没有过小? （最后一排是否能听清楚）		
（22）是否使用了更通俗易懂的语言? （有没有滥用缩略词、专用语言）		
（23）音质和语调是否有变化?		
（24）嗓音里有没有自信感?		
（25）有没有反复使用没有任何意义词语的习惯? （例如：嗯、哎、比如 等）		
（26）站姿是否自然?		
（27）有没有采取了哭诉的姿态?		
（28）是否把一只手或是两只手放在了兜里?		

续表

检查内容	主要清点事项	
	O/X	采取措施
（29）有没有把手背在身后?		
（30）是否视情况需要而选择站在了不同的位置?		
（31）有没有不停地用手指这儿指那儿，或不停地搓手?		
（32）是不是只是对着屏幕进行发表?		
（33）对【听众：屏幕】的视线分配比例是【80：20】左右吗?		
（34）对听众平均分配视线了吗?		
（35）视线和脸的方向是否保持一致?		
（36）脸上是否洋溢着明朗的微笑?		
（37）随着发表内容的不同是否做出了相应的表情?		
（38）必要的时候是否配合了适当的手势?		
（39）是否随着听众的反映调整了嗓音的大小?		
（40）对于提问是否给出了很好的回答?（是否反复确认了提问的内容?）		
（41）是否设计了合理的策略以确保听众的注意力集中?		
（42）发表过程中，是不是始终满怀着信心、热情和镇定?		
（43）是否严格遵守了发表时间?		
（44）是否确认了每一张幻灯片所需要的说明时间?		
（45）结束阶段终了字幕的内容是否合适?		

如【表 20.2】的核对清单一样，彩排核对清单一共有 45 项，当然，清点的项目数需要随着实际发表的性质和发表者所属的职场或学校的情况进行追加或调整。这里所说的发表性格的性质指的是论文发表、入职演讲、学位论文发表、评价发表等。

3. 发表当日需要携带的物品核对清单

✪ 核心要点

希望发表者可以制作能带到发表现场的方便清点所携带物品的核对清单。这个核对清单最好为发表准备留够时间上的富余。

大部分的情况是在发表当天，发表者并没有将可以一一核对的发表准备物品清单带到发表现场，而只是大略地准备了一下，这样的情况有可能导致需要随身携带的重要物品的遗漏。

PPT 发表当天，需要带到发表现场的所携带物品和准备内容清点用清单如 [表 20.3] 所示。

【表 20.3】PPT 发表当天所携带物品和准备内容的清点用清单

检查清点内容	主要清点事项	
	O/X	实施措施
（1）在笔记本里已经制作好的幻灯片可以正常地播放吗？		
（2）笔记本的电池事先充好了吗？		
（3）带好笔记本了吗？		
（4）带好要发表文件的备份了吗（在 usb 中）？		
（5）随身携带遥控器了吗？		
（6）准备了关于对提问说明的参考资料了吗？		
（7）幻灯片资料的打印文件带了吗？		
（8）指定了各备品管理的负责人了吗？		
（9）发表现场的缩略地图带来了吗？		
（10）去发表现场所需要的时间计算好了吗？		
（11）对公众的自我介绍准备好了吗？		

如【表 20.3】的确认清单一样，发表当天需要准备的事项有 11 个。清点单的项目可以随着发表者所属的单位或学校的情况进行调整。

20.2 彩排

希望读者将本书的第 7 ~ 19 章的主要内容精读后，熟练地使用 PPT 做好幻灯片草案，再按照下面的内容来执行彩排环节。

首先按【表 20.2】的彩排核对清单的顺序，对所有的事项一一确认，然后再进行彩排。

用做好的 PPT 在屏幕上投影的时候，像实际发表那样站在台上进行说明，灵活使用彩排核对清单，检查自己在彩排中出现的问题，发现了问题要及时修正，并要在后来的彩排中确认自己是否做了有效的改善。

彩排是如此的重要，发表者要用对待实际发表一样的态度来进行彩排。

可是，总有人认为彩排并不重要，用发表资料还没做完等借口有意回避彩排，甚至认为自己只有在不得已的情况下才需要彩排。这些错误的态度都为发表失败提供了温床。

如果只是象征性地应付彩排，还不如不彩排。一定要下定决心，象实际发表一样进行彩排，灵活地运用彩排核对清单，然后及时改正、调整，这样才能最终取得多媒体发表的成功。

✪ 核心要点

请怀着面对实际发表的心态，严格地使用【表 20.2】的核对清单进行彩排。彩排结束后，仔细检讨清单上的记录，清楚地掌握哪里出了问题，再对这些问题进行冷静的反省和有效的改正。在反省和改正后，对彩排中发生过的错误集中进行训练，然后再彩排。只有在彩排中确认没有失误，才能确保发表最终成功。

使用便携式摄像机对彩排演练进行录像后，对照录像，根据清单里的项目来一一地清点、对比、分析，掌握自己在哪些环节没有做好，然后逐一改正，这是非常有效的方法。